ビジネスと人権

——人を大切にしない社会を変える

伊藤和子
Kazuko Ito

岩波新書
2052

はじめに

はじめに

現代社会において、私たちが経済活動と無関係に生きることは難しい。多くの人が企業の従業員として労働力を提供したり、企業との取引関係を通じて収入を得ている。その一方で、企業が生み出した商品やサービスの提供を受け、それを消費して私たちは生活をしている。企業等によるビジネス活動はいまや、私たちの生活に密接不可分なものだ。しかし、企業は常に私たちに善をなすだけの存在ではない。

振り返れば、企業はあくなき利潤追求のため、人々や天然資源を搾取してきた。産業革命以後、工場労働者たちは、企業によって長時間労働を強いられ、非人道的な状況で搾取され、日本では、労働問題のほか、古くは足尾銅山の鉱毒、第二次世界大戦後には水俣病をはじめとする深刻な公害が、人々の環境や健康、人生を深く傷つけた。

世界経済においては、南北問題、つまり、欧米や日本等の先進資本主義国と開発途上国との間に格差が存在する。その起源をたどると植民地支配に行きつく。オランダ、イギリスなどで17世紀に相次いで設立された「東インド会社」は、インド以東のアジア地域との貿易を特権的に行う企業として、植民地支配と収奪の先兵の役割を果たし、その後、西側の列強といわれる帝国主義国が同会社の役割を自ら引き継ぎ、植民地支配と天然資源の収奪を進めた。第二次世界大戦後、1950年代から1960年代にかけて植民地は続々と独立したが、独立国の経済の根幹は、戦後急速に発展した欧米の多国籍企業にしっかりと握られ、現地の人々の搾取と天然資源の収奪は続いた。いわゆる「新植民地主義」である。

こうした歴史の負の遺産は、いまも克服されていない。

特に1990年代以降進んだグローバル化の中で、企業は巨大化して影響力が増大し、地球上の様々な人々に「負」の影響を及ぼすようになる。小国よりはるかに大きな財力とパワーを持つ多国籍企業が関与する人権侵害が、世界のあちこちで報告されるようになった。

現代社会は、環境破壊、地球温暖化、貧富の格差の拡大、権威主義の台頭、排外主義、差別、武力紛争、ジェノサイドなど、多方面の危機に直面しており、いずれの事態も人権侵害の現象的形態といえる。そして、企業活動はこれらの危機に深く関係している。企業は、こうした問題を引き起こしているか、助長しているか、少なくとも直接的に関係している。こうしたグローバル課題とともに、私たち一人一人の足元の人権もまた、日本の企業中心社会の中で大きく傷つけられてきた。

第1章で概略を述べるが、「人権」は古典的に、国家権力が私人の権利を保障し、これを侵害してはならない、という文脈で語られ、実際に発展してきた。しかし、企業の影響力が大きくなるなか、企業は地球規模でもたらす人権への悪影響に責任を持つべきではないか、企業活動によって生じる人権への悪影響を防止するために、その活動を規律する国際的なルールが必要ではないか、との声が高まる。

こうしたなかで、「ビジネスと人権」という問題意識が生まれた。「ビジネスと人権」は、ビジネスが人権に及ぼす負の影響を多面的に把握し、企業に自らの事業活動によって影響を受ける人の人権への負の影響を抑止するとともに、責任ある行動によって問題解決を図り、被害を救済することを求める論理と営みであり、これを支える国際規範が急速に具体化されている課題領域である。

企業に責任を求める声が高まるなか、国連の人権機関においてビジネスと人権に関する調査研究が進み、２０１１年に国連の人権に関する主要な意思決定機関である人権理事会は、「ビジネスと人権に関する指導原則：国連「保護、尊重及び救済」枠組実施のために」(UN Guiding Principles on Business and Human Rights, A/HRC/17/31. 以下、「指導原則」という)を全会一致で採択した。これを契機に一気に、世界中で、「ビジネスと人権」に関する潮流が生まれた。

指導原則は、企業が国際人権基準を尊重する責任を負うことを初めて明記した国連文書であり、世界各国と主要な企業から支持されている。

第2章で詳しく見ていくが、指導原則は、①人権を保護する国家の義務、②人権を尊重する企業の責任、③救済へのアクセスという、三つの柱(「保護」「責任」「救済」)からなる31の原則を提示している。

このうち、人権を尊重する企業の責任とは、法的拘束力を伴う義務ではなく、社会的な責任と位置づけられている。ただし、ここで提唱される責任の範囲はきわめて広く、企業が尊重すべき人権の範囲は、国際的に認められたすべての人権に及び(指導原則12)、企業は、自社や子会社、グループ企業の事業活動だけでなく、すべての取引連鎖(「バリューチェーン」といわれる)の事業活動で起きる人権に対するあらゆる負の影響に対処する責任を負うとされる(指導原則13)。そしてその内容は「人権デュー・ディリジェンス」として詳細に定義された(指導原則17〜21)。

バリューチェーンは、まず原材料調達から始まり、工場での生産など「上流」といわれる取引関係がある。そしていったん製品やサービスが出来上がれば、それをユーザーに向けて提供していく「下流」の流れもある。その流れは当然一国内にとどまらない。こうしたビジネスが生み出す様々なステージでの多面的な人権への悪影響に三六〇度、包括的に対処する責任が企業に課されたのだ。

2015年、ドイツ・エルマウで開催されたG7サミットの首脳宣言は、G7がビジネスと人権に関する指導原則を支持していくこと、実施のための国別行動計画(National Action Plan: NAP)を策定し、実施することなどをコミットメントとして宣言した。日本はG７の一員であり、このコミットメントに加わっている。

しかしながら、２０１１年に指導原則が採択されてしばらく、日本政府はこの原則を実施するためにほとんど役割を果たしてこなかった。

そもそも日本は人権に関する政府の取り組みがとても弱い。包括的な人権保護の立法も、差別を禁止する立法もなく、人権政策を推進する省庁も担当大臣もいない。

さかのぼること約30年、１９９３年に開かれた国連世界人権会議が採択した「ウィーン宣言および行動計画」は、「国内人権機関」(National Human Rights Institute)と呼ばれる政府から独立した人権擁護機関を創設することを世界各国に求め、人権の保護促進の向上に関する国別行動計画の策定を示唆している。この呼びかけに応え、世界の多くの国で国内人権機関が設置され、人権に関する国別行動計画ができているが、日本はいずれもこれを無視したまま今日まできた。

国連の様々な人権機関は日本の人権状況を改善するよう様々な勧告を行っているが、日本は近年、「国連からの勧告には法的拘束力がない」などと言って無視し、なかなか改善しようとしない。

このように、人権問題は日本政府にとって「周辺的課題」に過ぎなかった。指導原則も同様に、「周辺的課題」という扱いを受けてきたといえよう。

ところが先に述べたように、G7を含め世界各国で指導原則が実施され、多国籍企業も含めて人権尊重のために対策を講じ始めるなか、ほとんど何もしない日本企業はグローバルなマーケットで悪目立ちするようになる。国際NGOやメディアから人権問題を指摘され、放置しておくと、海外の投資家から忠告を受け、投資引き上げの検討対象とされるようになる。そして、第3章で紹介するとおり、指導原則は法的拘束力を伴うハードローへと「進化」しつつあり、日本企業も規制対象となりつつある。

人権を尊重し、そのための体制を構築することは、グローバルでビジネスを展開するために必要なライセンスになったのだ。

こうした国際社会の変化を受け、日本でも2020年10月、ようやく国別行動計画(NAP)「「ビジネスと人権」に関する行動計画(2020―2025)」が制定された。人権に関する国別行動計画をまだ策定していないのに、ビジネスと人権に関する行動計画ができたというのは、きわめていびつと言わざるをえないが、指導原則を実施する国際社会のプレッシャーが非常に強いということを意味するだろう。2021年には府省庁横断で「ビジネスと人権に関する行動計画の実施に係る関係府省庁施策推進・連絡会議」も発足した。

そして、2022年9月に経済産業省は、指導原則が掲げる「人権デュー・ディリジェンス」を企業向けにわかりやすく説明することを目的とした「責任あるサプライチェーン等における人権尊重のためのガイドライン」を策定し、2023年4月に、府省庁連絡会議が、「政府の実施する調達においては、入札する企業における人権尊重の確保に努めることとする」との方針を決定し、具体的には、公共調達の入札説明書や契約書等において、上記経産省ガイドラインを踏まえた人権尊重に取り組むよう努める、との条項を導入することを決定した。

経済産業省は2023年4月、企業の取り組みを促進するために「責任あるサプライチェーン等における人権尊重のための実務参照資料」を公表し、2023年12月には農林水産省も、「食品企業向け人権尊重の取組のための手引き」を公表している。さらに、上場企業向けのコーポレートガバナンスコードが、人権を「サステナビリティを巡る課題」に位置づけたため（補充原則2‒3）、上場企業には人権に関する取り組みの開示が要請されるようになった。

こうした機運を受け、大企業の多くが人権方針を策定したり、人権の取り組みを開始する動きを見せている。一連の動きは、近年の他の日本の人権政策と比較すれば活発な動きと評価することができるだろう。しかし、急に訪れた「人権」という課題にどう取り組むか、多くの企業にはまだ戸惑いがあるようだ。

一連の動きを受けて、実際に日本企業の国内外での行動は変わったのか、私たちの人権をめぐる状況は改善されているのか、という視点から現状を見ると、見過ごせない問題に突き当たる。2023年夏、国連人権理事会が選任した「人権及び多国籍企業並びにその他の企業の問題に関する作業部会」(指導原則の実施のために活動している独立専門家からなる作業部会。本書では、国連ビジネスと人権作業部会、あるいは国連作業部会という)が訪日調査を行った。その際に厳しく問われたのは日本社会の足元における人権課題だった。

その象徴的な例がジャニーズ問題だった。ジャニーズ事務所(現・スマイルアップ)の性加害の被害者はBBC報道のはるか前から声を上げていたが、大手メディアはこれをほぼ黙殺する一方、自社や系列テレビ局にジャニーズタレントを登用し続けた。国連ビジネスと人権作業部会は、2023年夏に行った訪日調査後の記者会見で「日本のメディア企業は数十年にもわたり、この不祥事のもみ消しに加担した」と関連企業の責任を厳しく指弾した。

しかし、ジャニーズ事務所の取引連鎖(バリューチェーン)はメディア・エンターテインメント関連企業にとどまらない。広告代理店、タレントを広告に起用した企業、ジャニーズタレントを冠する番組のスポンサー企業等、実に多くの日本企業がジャニーズ事務所と取引関係を持ち、その隆盛を支え、あるいは恩恵にあずかってきたといえる。指導原則上、企業は、自社だけでなく、取引先企業を含むバリューチェーン全体で発生する人権への負の影響に対処する責任があるとされているのに、関連企業の態度はその真逆だったということになる。

また、国連ビジネスと人権作業部会は、訪日調査において、ジャニーズ問題だけでなく、日本国内外の多種多様なビジネスと人権に関わる問題に懸念を示し、警鐘を鳴らしている。ところが、ジャニーズ問題以外の課題はほとんどメディアから黙殺され、社会問題として取り上げられず、事態を改善しようとする企業の取り組みも見えてこない。

日本には、様々な人権課題があるが、実はそれがそもそも「人権」の問題だと認識されていない。人権とは「特別なこと」「おおげさなこと」あるいは「特殊なクレイマーが騒いでいること」と矮小化され、多くの人の人権がないがしろにされてきた。日本社会で私たちが感じる生きづらさは、実は私たち一人一人が当然に保障されるべき人権の問題だ。過労死や過労自殺の問題、職場のハラスメントや差別の問題、非正規雇用に対する劣悪な待遇等は横行している。女性、マイノリティ、社会的弱者への差別や偏見も依然として根強い。ヘイトスピーチを煽るような本の出版や、ネット上の誹謗中傷を放置しているプラットフォーム事業者。私たちの人権に対する負の影響に企業は深く関わっている。

「ビジネスと人権」に関する議論は、企業のCSR(Corporate Social Responsibility)担当者が取り組む一時的なブームに終わらせるべきではなく、私たちを日々生きづらくさせている人権の諸問題を改善するためにこそ活用されるべきだ。

そして、私たち一人一人が「ビジネスと人権」の発想を知って、これを企業風土や社会を変えるための有効なツールとして効果的に活用すれば、勇気を出して声を上げた人の思いを大きな変化につなげられるのではないか。第４章、第５章、終章では、国連ビジネスと人権作業部会が２０２４年５月に出した最終報告書で提起した様々な人権問題や日本社会、日本企業が取り組むべき課題について紹介しながら考えてみたい。

筆者は、弁護士として、日本社会で様々な権利侵害を受けた人たちの権利回復に取り組んできた。また、日本を拠点とする国際人権ＮＧＯ「ヒューマンライツ・ナウ」（ＨＲＮ）の設立（２００６年）に関わり、初代事務局長として15年間活動し、現在も活動を続けている。２０１３年にバングラデシュで発生したラナプラザ・ビル倒壊事故（第１章）に衝撃を受け、ビジネスによって人権を侵害される人々の声を聴き、それを日本社会に発信し、改善を求める活動をしてきた。その際有効なツールとなったのが「ビジネスと人権」である。

活動を通じて知り合ったアジア地域の友人たちと、それぞれが抱える様々な苦境を改善するために何かできることはないか、と語り合うなかで、国による人権侵害と並んで、企業による搾取や弾圧という問題が頻繁に話題にのぼることがある。あまりにも多くの人々が、奴隷のように働かされ、希望のない生活を送っている。ひどい搾取だ、非人道的行為だ、しかし、話を聞くうちに、そこで作られているのが日本の製品だと知ることが多い。不正義や搾取と、私たちは直接的につながっていたのだ。

私は、友人たちや出会った人たちを助けたいと思い、指導原則を援用し日本企業に対応を求めてきた。そうした活動の中で、短期間のキャンペーンの結果、人権状況が大きく改善に動きだす例をいくつも経験した。日本国内でもそうした経験がある。日本企業には、影響力を行使し、絶望的に見える人権状況を変える大きなポテンシャルがあるのだ。残念ながら、日本企業がポテンシャルを発揮するケースはまだまだ少ない。しかし、ポテンシャルを引き出すのは私たち一人一人の民意や行動にかかっている(終章参照)。

本書は筆者の経験に基づき、草の根の、当事者の視点に立って書かれている。企業担当者のみならず、広く市民や学生、政府関係者にも役割を果たしてほしい、との思いで本書を執筆した。企業の取引連鎖と何らかの関係がある人は、この社会を変える影響力と責任があると考えるからだ。

企業が人を人とも思わないやり方で人を搾取し蹂躙《じゅうりん》し、差別する社会は、誰にとっても危険な社会であり、次のターゲットは自分かもしれない。

そんな生きにくい社会を変える力を私たちは持っている。

目　次

略語一覧

AI(Artificial Intelligence)　人工知能
BPO(Broadcasting Ethics & Program Improvement Organization)　放送倫理・番組向上機構
CSDDD(Corporate Sustainability Due Diligence Directive)　企業サステナビリティ・デュー・ディリジェンス指令
CSR(Corporate Social Responsibility)　社会的責任
ESG(Environment, Social and Governance)　環境・社会・ガバナンス
GAFA(Google, Apple, Facebook, Amazon)　グーグル，アップル，フェイスブック(現・メタ)，アマゾン
HRN(Human Rights Now)　ヒューマンライツ・ナウ
ICC(International Criminal Court)　国際刑事裁判所
ICJ(International Court of Justice)　国際司法裁判所
ILO(International Labour Organization)　国際労働機関
LGBTQI＋(Lesbian, Gay, Bisexual, Transgender, Questioning, Intersex)　レズビアン，ゲイ，バイセクシュアル，トランスジェンダー，クエスチョニング，インターセックスほか，さまざまなセクシュアリティを持つ人々を表す言葉
NAP(National Action Plan)　国別行動計画
NGO(Non-Governmental Organization)　非政府組織
OECD(Organization for Economic Cooperation and Development)　経済協力開発機構
OHCHR(Office of the UN High Commissioner for Human Rights)　国連人権高等弁務官事務所
PFAS(Per- and Polyfluoroalkyl Substances)　ペルフルオロアルキル化合物及びポリフルオロアルキル化合物
SDGs(Sustainable Development Goals)　持続可能な開発目標

第 1 章

なぜビジネスと人権なのか

バングラデシュの首都ダッカ近郊の商業施設「ラナ・プラザ」の倒壊現場．世界的アパレルブランドの下請け工場があり，死者は 1000 人を超え，ファッション業界史上最悪の事故となった（筒井清輝『人権と国家——理念の力と国際政治の現実』岩波書店，2022 年より）．

本章では「ビジネスと人権」に関する議論が登場した背景を見ていきたい。まず人権とはそもそも何かを検討した後に、なぜ「ビジネスと人権」の議論が今求められているのかを考えてみたい。

1　人権とは何か

世界中の誰もが有する人権

ビジネスと人権について考える前提として、まず、何が人権なのかを考える必要がある。そもそも人権は、人であれば誰でも、生まれながらにして平等に認められる権利、人が尊厳をもって生きていくうえで必要な権利だ。空気と同様、誰にとっても、生きて生活していくうえで欠かせない。

誰もが生まれながらに人権を有する、という考えは、近代の欧州の啓蒙思想の中ではぐくまれ、イギリスの名誉革命を受けて１６８９年に制定された「権利章典」(Bill of Rights)、１７７６年のアメリカの「独立宣言」(Declaration of Independence)、フランス革命時の１７８９年に出された「フランス人権宣言」(正式名称「人間と市民の権利の宣言」Déclaration des Droits de l'Homme et du Citoyen)などで高らかに宣言され、周辺国にもその考えが広がっていった。

その考えをもっともよく示すのが、「人は、自由かつ諸権利において平等なものとして生まれ、そして生存する」というフランス人権宣言1条だ。

ただ、そこで謳われた人権は、男性市民に関する、主として市民的政治的自由であり、女性の権利や、植民地の人々などは眼中になかった。しかし、人権は欧州の男性の専売特許ではないことは明らかだ。人権思想の源流は、こうした各宣言に見ることができるが、人権そのものの源流は、一人一人の尊厳の中にある。

世界の誰であっても等しく人権が保障される、という普遍的な人権保障が確認されたのは、第二次世界大戦の惨禍を経て国連が創設されてからだ。ナチスによるユダヤ人の集団虐殺をはじめとして、戦争はあまりにも深刻で重大な人権侵害をもたらした。

そこで、国連憲章は、国連の目的には平和と並んで「すべての者のために人権及び基本的自由を尊重するように助長奨励すること」を掲げた(憲章1条)。

国連憲章の前文には、「われらの一生のうちに二度まで言語に絶する悲哀を人類に与えた戦争の惨害から将来の世代を救い、基本的人権と人間の尊厳及び価値と男女及び大小各国の同権とに関する信念をあらためて確認し」とある。

では、国際社会が守るべき人権とは一体何か。その内容を明らかにしようとする取り組みが、発足したばかりの国連で進められ、１９４８年の国連総会で「世界人権宣言」(Universal Declaration of Human Rights)として採択された。

世界人権宣言は、１条で「すべての人間は、生れながらにして自由であり、かつ、尊厳と権利とについて平等である」、２条で「すべて人は、人種、皮膚の色、性、言語、宗教、政治上その他の意見、国民的若しくは社会的出身、財産、門地その他の地位又はこれに類するいかなる事由による差別をも受けることなく、この宣言に掲げるすべての権利と自由とを享有することができる」と、すべての人が生まれながらにして平等に人権を有することを明確に宣言したうえで、以下の人権カタログを列挙している。

3条　生命、自由及び身体の安全に対する権利
4条　奴隷・苦役からの自由。奴隷制度・奴隷売買の禁止
5条　拷問、残虐・非人道的・屈辱的な取り扱いや刑罰からの自由
6条　法の下に人として認められる権利
7条　法の下の平等・平等な保護を受ける権利
8条　裁判所による効果的な救済を受ける権利

9条　恣意的な逮捕、拘禁、追放からの自由
10条　独立の公平な裁判所による公正な公開の審理を受ける権利
11条　無罪推定。刑罰の不遡及
12条　私生活、家族、通人、名誉、信用に対する権利
13条　移動・居住の自由。出国・再入国の権利
14条　迫害からの庇護を求め、避難する権利
15条　国籍を持つ権利
16条　婚姻に関する平等の権利
17条　財産に対する権利
18条　思想、良心及び宗教の自由に対する権利
19条　意見及び表現の自由に対する権利（情報及び思想を求め、受け、伝える自由を含む）
20条　平和的集会及び結社の自由に対する権利
21条　政治参加への権利
22条　社会保障を受ける権利
23条　勤労の権利、報酬を受ける権利、労働組合を結成・参加する権利
24条　労働時間の合理的な制限と休息及び余暇をもつ権利

25条　社会保障を受ける権利
26条　教育を受ける権利
27条　文化的権利
28条　社会的及び国際的秩序に対する権利

この宣言には、第二次世界大戦当時の人種差別、迫害や殺害、拷問といった惨禍の教訓の上に立ち、二度と恣意的に命や自由が奪われてはならない、差別は許されない、集会・結社・表現の市民的権利は奪われてはならない、という国際社会の決意が凝縮されている。同時に宣言は、世界の多種多様な人々の声を反映し、人々が生きていくうえで欠かせない経済的・社会的権利、さらに文化的権利を含む豊かな内容となっている。

世界人権宣言で定められた権利はその後、二つの主要な国際人権条約である「市民的及び政治的権利に関する国際規約」(1966年採択、1976年発効、「自由権規約」と呼ばれる)、「経済的、社会的及び文化的権利に関する国際規約」(1966年採択、1976年発効、「社会権規約」と呼ばれる)に結実した。

自由権規約は、あらゆる差別の禁止、効果的救済を受ける権利、生命に対する権利、拷問・非人道的取り扱いを受けない権利、奴隷の禁止、人身の自由、裁判を受ける権利と保障、移動・居住の自由、思想・良心・表現の自由、集会・結社の自由、政治参加への権利、少数者の権利等を規定する。一方、社会権規約は、労働者の諸権利、社会保障の権利、食糧・衣類及び住居に関する相当な生活水準とその不断の改善に対する権利、健康に対する権利、教育の権利、文化に対する権利等を保障する。

世界人権宣言と自由権規約、社会権規約の3文書について、イギリスの権利章典(Bill of Rights)になぞらえて「国際人権章典」(International Bill of Human Rights)と呼ぶことがあり、この3文書は、普遍的な人権保障の中核的内容を示す文書として広く認識されている。国際人権法はこれら3文書を中核として発展し、人種差別撤廃条約(正式名称「あらゆる形態の人種差別の撤廃に関する国際条約」1965年採択、1969年発効)、拷問等禁止条約(正式名称「拷問及び他の残虐な、非人道的な又は品位を傷つける取り扱い又は、刑罰に関する条約」1984年採択、1987年発効)、女性差別撤廃条約(正式名称「女性に対するあらゆる形態の差別の撤廃に関する条約」1979年採択、1981年発効)、子どもの権利に関する条約(1989年採択、1990年発効)、障害者の権利に関する条約(2006年採択、2008年発効)、強制失踪条約(正式名称「強制失踪からのすべての者の保護に関する国際条約」2006年採択、2010年発効)などの主要条約が発効し、多くの国が批准している。日本もこうした主要な人権条約を批准している。

以上のとおり、世界人権宣言、国際人権条約等によって構成される国際人権法は、個人の尊厳に根ざし、誰もが人であるがゆえに普遍的に保障される人権を保障する規範である。

そして、国際人権条約上、人権の担い手は国家である。国家は自国の市民に対し、いかなる差別もすることなく人権を保障する義務を負い、その義務は、

・尊重義務（個人の人権を蹂躙しないこと）
・保護義務（第三者から個人の人権が侵害されないよう個人を保護すること）
・充足義務（個人の人権の実現に必要な手段や資源を提供すること）

に分類される。

国は保護義務の一環として、企業から個人が人権を侵害されたり、搾取されたり、差別されないよう、立法、行政、司法救済などあらゆる手段を通じて対応をとることが求められる。

ところで、国際人権法で定められた人権カタログは、日本国憲法が定める人権カタログとも共通性がある。国際人権法も世界各国の憲法も、いずれも淵源は人間固有の尊厳にあり、それがそれぞれ国際法、国内法として結晶したものといえる。

労働者の権利

国際人権条約と並んで重要なのが、労働者の権利に関するＩＬＯ（国際労働機関）の諸条約である。ＩＬＯは第一次世界大戦の終結後に発足した国際機関であり、１９１の条約と２０８の

表1　中核的労働基準　5分野・10条約

結社の自由・団体交渉権の承認	結社の自由及び団結権の保護に関する条約(87号) 団結権及び団体交渉権についての原則の適用に関する条約(98号)
強制労働の禁止	強制労働に関する条約(29号) 強制労働の廃止に関する条約(105号)
児童労働の禁止	就業の最低年齢に関する条約(138号) 最悪の形態の児童労働の禁止及び廃絶のための即時行動に関する条約(182号)
差別の撤廃	同一価値の労働についての男女労働者に対する同一報酬に関する条約(100号) 雇用及び職業についての差別待遇に関する条約(111号)
安全で健康な労働条件	職業上の安全及び健康に関する条約(155号) 職業上の安全及び健康促進枠組条約(187号)

連合ウェブサイトより

勧告が採択されている(2023年時点)。

1998年のILO総会は、「労働における基本的原則及び権利に関するILO宣言」を採択し、結社の自由と団体交渉権の承認、強制労働の禁止、児童労働の禁止、差別の撤廃に関わるILOの原則を、条約に批准していると否とを問わず、すべての加盟国が「尊重し、促進し、かつ実現する義務を負う」ことを宣言した。2022年のILO総会は、これに安全で健康的な労働条件を加え、現在では表1の5分野・10条約が、いかなる場合も侵害されてはならない中核的労働基準と認識されている。

さらに、2008年のILO総会は、10年ぶりに新しい宣言、「公正なグローバル化のための社会正義に関するILO宣言」

を採択し、ここでは、中核的労働基準に加え、「ディーセントワーク」の実現の重要性が強調されている。「ディーセントワーク」とは何か。1999年にこの言葉を初めて提唱したILOのソマビア事務局長(当時)によれば、「権利が保障され、十分な収入を生み出し、適切な社会的保護が与えられる生産的な仕事」を意味するという。

直近では、セクシュアル・ハラスメントを含むハラスメントに関して、ILOが2019年、暴力とハラスメントに関する条約を採択している。

重大な人権侵害への対応

国際人権法やILO条約以外に、ジェノサイド条約、ジュネーブ諸条約等の国際人道法も人権について重要なことを定めている。

ホロコーストの経験をもとに戦後いち早く制定されたジェノサイド条約(正式名称「集団殺害罪の防止及び処罰に関する条約」1948年採択、1951年発効)は、いかなる場合もジェノサイド(集団殺害)は許されないとして、ジェノサイドからの保護が基本的人権であることを明らかにした。また、第二次世界大戦後に採択されたジュネーブ諸条約(武力紛争による被害を軽減することを目的として採択された4つの条約)は、傷者・病者等の保護、捕虜の虐待の禁止、民間人の保護などを詳しく規定し、そのうち第四条約(戦時における文民の保護に関する1949年8月12日のジュネーブ条約）とその追加議定書は、武力紛争の際も民間人、民間施設を標的にしてはならないとし、無差別攻撃や残虐兵器の使用を禁止する。諸条約の違反は戦争犯罪となる。世界のどこかで戦争が起き、罪のない民間人が殺され民間施設が破壊された、とニュースは当然のように伝える。しかし、それは戦争では不可避のやむを得ない現象ではない。生命に対する権利の侵害であり、戦争犯罪という重大な人権侵害に該当する可能性が高いのだ。

ジェノサイド、戦争犯罪、さらに人道に対する罪は、第二次世界大戦後のニュルンベルク裁判、東京裁判で裁かれたが、1990年代の旧ユーゴスラビア、ルワンダの内戦で民族浄化として深刻なジェノサイドが繰り広げられたことを契機に、最も許されない重大な人権侵害であるとの国際社会の認識が再び高まった。

2002年に発足した国際刑事裁判所（International Criminal Court: ICC）は、ジェノサイド、戦争犯罪、人道に対する罪が最も重大な犯罪であるとの認識から、これらの罪を犯した個人を刑事裁判で裁くことを主要な目的としている。

一方、第二次世界大戦下での少数者の迫害や難民保護の必要性を背景に、世界人権宣言14条が迫害からの庇護を求め、避難する権利を確認したことを受け、難民の地位に関する条約が採択されている。人権侵害等の迫害から逃れた人々を難民として保護することを詳細に取り決めたこの条約も非常に重要な人権の原則を定めている。

人権保障のメカニズム

世界の多くの国は、ここまで紹介した人権条約を批准し、締約国(条約を締結した国)として人権保障の義務を負っている。

それぞれの人権条約、例えば自由権規約、社会権規約、子どもの権利条約などは、締約国が人権条約の履行を適切に行っているかをモニタリングする委員会を設置している。自由権規約委員会、社会権規約委員会、子どもの権利委員会などといった名称の委員会であり、人権条約機関と総称され、これら機関は締約国による選挙で選出された人権のエキスパートによって構成される。人権条約機関は、締約国から数年に一度のサイクルで、条約の実施に関する定期報告書を提出させる一方、NGOからも広く人権条約の履行状況や課題に関するレポート(「シャドーレポート」)を受け付け、それらをあわせて、締約国の履行状況を定期的に審査している。そして、審査の結果を「総括所見」として公表し、その中で、改善が求められる課題について、締約国に「勧告」を行っている。日本でもよく「国連機関から勧告がなされた」などと報道されることがある。

また、人権条約にはこれに付属する「選択議定書」があり、重要な選択議定書として、「個人通報制度」に関する選択議定書がある。「個人通報制度」とは、条約に違反して人権を侵害された個人が、国内的な救済手続を尽くしても救済されなかった場合に、人権条約機関に直接被害を通報し、条約違反に対して審査を受け、救済を求めることができる制度だ。この制度は、選択議定書を批准して個人通報制度の導入を受諾した国から人権侵害を受けた個人だけが申立てをすることができる。残念なことに日本は個人通報制度を受諾していないが、多くの国が受諾し、この制度を通して個人の人権救済が図られている。

以上のような人権条約に基づくシステム以外に、国連憲章に基づく人権保障のメカニズムがあることも非常に重要だ。

国連において人権に関する主要な役割を担う機関は「人権理事会」だ。年に3回の定期会合のほか、人権に関する危機的状況に対応して緊急会合を開き、決議を採択したり、人権侵害に関する調査団を派遣するなどしている。また、定期的にすべての国の人権状況を審査する「普遍的・定期的審査」があり、さらに、人権理事会が選出した独立専門家が、特定のテーマや特定の国に関し人権状況を調査したり個別被害に対応したり勧告を行う「特別手続」がある。

国連ビジネスと人権作業部会はこの「特別手続」の任務の一つである。

さらに、国連総会や安全保障理事会も人権に関わる問題を取り扱って、決議を出すなどしている。国連憲章に基づいて設置された司法機関である国際司法裁判所(International Court of Justice: ICJ)にも人権に関する紛争が持ち込まれることがあり、人権に関する重要な判決や勧告的意見を出している。ジェノサイド条約や人種差別撤廃条約等の人権条約に基づく国家間の紛争はICJに付託されることとなっており、ICJは近年、ミャンマー、ウクライナ、ガザなどでジェノサイドを停止させる仮保全措置命令を出している。さらに、ジェノサイド、戦争犯罪、人道に対する罪に関しては、国際刑事裁判所（ICC）が実行者個人の刑事責任を裁く裁判を積み重ねている。

常に発展途上である人権概念

国際的に認められる人権保障の内容は、主要な人権条約等に凝縮されているが、その内容は時代の発展とニーズに合わせ、常に新しく更新されている。

例えば、女性差別撤廃条約には、女性に対する暴力や性暴力を禁止する規定はない。女性差別撤廃条約に関する政府間の交渉過程では、女性が暴力にさらされているというリアリティーが議論に反映されなかったのだ。しかし1990年代、多くの女性たちが沈黙を破って、家庭内、職場、さらに戦場でも暴力や性暴力の被害にあってきたことを告発した。これを契機に、国連総会は女性に対する暴力撤廃宣言を1993年に採択し、女性差別撤廃委員会は、女性に対する暴力は女性に対する差別であるという解釈見解を明らかにし（一般勧告19）、今では条約に基づいて、女性に対する暴力・性暴力の根絶を締約国に積極的に求めている。

実質的な平等の促進に関しても、女性差別撤廃委員会は、根強い差別が続く国では、差別解消のためのポジティブ・アクションとしての暫定的特別措置が締約国の義務であるとの見解を公表している（一般勧告25）。

また、2008年に発効した障害者権利条約は、障害者に対する差別の撤廃に加え、合理的配慮の提供を締約国の義務だと明記している。

LGBTQI＋の権利に関する条約はまだ制定されていないが、国連人権理事会を舞台として、決議が採択されるなどして、その権利が確立しつつある。

先住民族に関しては、「先住民族の権利宣言」（正式名称「先住民族の権利に関する国際連合宣言」2007年採択）という画期的な宣言が国連総会で採択され、国際人権基準として扱われている。この宣言は、先住民族に関するすべての事柄に関わる決定において、先住民族の「自由意思による、事前の、十分な情報に基づく同意」が必要だとしている点がとりわけ重要である。人々の生存にとってとても大切な、健康に対する権利、食料に対する権利、水に対する権利、土地に対する権利も、国連人権理事会の決議や人権条約機関の解釈の積み重ねによって、その内容が詳細に確立している。

さらに、2021年の国連人権理事会、2022年の国連総会は、歴史上はじめて、「クリーンで健康的かつ持続可能な環境への権利は人権である」と確認する決議を採択し、環境への権利が人権の不可欠な一部であること、環境汚染は人権侵害であることを確認した。

このように人権概念は、人々の置かれた状況やニーズを反映して、少しずつ進化している。常に発展途上なのだ。こうした発展の基礎をつくっているのは当事者を中心とする社会運動である。とりわけ当事者は、生きづらさを可視化して声を上げ、運動をする中で権利の存在を国際社会に認めさせ、人権を勝ち取ってきたといえる。

私たちの日常生活を振り返ってみよう。朝目覚めて、家で新聞を読み、朝食をとり、インターネットをチェックし、SNSを発信し、通勤し、職場で時間を過ごし、帰宅して家事をし、家族と過ごし、一人の時間を持ち、睡眠をとる。衣食住や健康に対する権利、DVや性暴力を受けない権利、情報に接し、自ら表現する権利、移動する権利、職場で差別やハラスメントにあわない権利、健康や環境に対する権利、過重労働から守られる権利、余暇の権利。私たちの日常は人権と切り離せない。もし、こうした権利を蹂躙されれば、それは人権の問題だ。

人権保障制度の課題

以上のような国際的な人権保障システムは、ビジネスと人権という観点で見たときにまだ乗り越えるべき課題がある。

まず、国際人権条約によれば、人権に関する義務を負うのは国家のみであり、企業は義務を負わない。小国の国家予算よりもはるかに大規模な予算を持ち、自国を超えて海外の人々の人権にも影響を及ぼす企業が、果たして人権に対して何らの責任も負わなくていいのか、という疑問が生まれるだろう。

また、人権条約は基本的に国単位で実施されるという限界がある。人権条約は国際的な合意であるが、人権条約に基づく人権保障の具体的な実施は、締約国が自国にいる人々を対象に行うものである。

自国企業が他国に進出して、自国の手を離れれば、操業地の政府がそこで発生した人権問題に対応することになる。しかし、それでいいのか。操業地の政府が多国籍企業に物が言えない弱い立場だったり、自国民の人権侵害を見て見ぬふりをする政府だったりするような場合、被害者はなすすべがない。

しかし、人権が普遍的なものである以上、人は政府から人権を侵害されたのであれ、企業から人権を侵害されたのであれ、人権侵害から守られるべきだ。たとえ外国企業から人権を侵害されたとしても、被害救済を受けられなければならないはずだ。このことは１９９０年代にグローバリゼーションが猛威を振るうようになって以降、強く意識されるようになってきた。

2　ビジネスと人権の諸問題

グローバリゼーションの波

１９９０年代、いわゆる「冷戦」の終結により、経済のグローバル化が加速度的に進んだ。スティグリッツは、冷戦後のグローバリゼーションを「自由貿易の障壁を取り払い世界各国の経済をより緊密に統合する」動きだと定義する(スティグリッツ 2002)。

自由な貿易と金融こそが富と繁栄を生むのであり、その障害となる、各国の個別の規制ルールなどの障壁はできる限り取り除かれなければならないという号令のもと、新自由主義的な規制緩和は進んだ。取り払われた規制の中には、開発途上国の環境や人々の生活を守るセーフガードとなる規制も含まれていた。こうして、貿易や金融が自由化され、資本移動にとって余計な規制がなくなると、多国籍企業は豊富な天然資源と安い人件費を求めて途上国に進出し、かつてない巨額の利益を享受するようになった(スティーガー 2010)。しかし、海外に進出した企業の活動は現地の人々の人権や環境に深刻な影響を及ぼすようになった(サッセン 2017)。

グローバル経済の特筆すべき点は、原材料調達からエンドユーザーまでのプロセスに、子会社、フランチャイズ、サプライヤー、下請け、孫請け等、法人格も国籍も異なる多様なアクターが関わる複雑で多層的なネットワークが形成され、ビジネス活動が展開されることである。この取引連鎖を「バリューチェーン」という。

グローバルなバリューチェーンの頂点に君臨する支配的アクターとなる企業は、発注先に対する事実上の生殺与奪権を握るかたちでバリューチェーン全体にはかりしれないパワーを及ぼし、より安価で競争力のある発注先を自由に決定できる。その結果、委託を受ける「南」の国では「もっと安く、早く、大量に生産しなくては」という「底辺への競争」が発生する。その末端で不均衡な負の影響を被るのが「南」の労働者や周辺住民の人権である。

グローバル・サプライチェーンで起きる搾取労働

典型的なのが製造業の供給網だ。バリューチェーンのなかでも、製品の原材料調達までさかのぼる一連の取引連鎖を「サプライチェーン」という。欧米や日本の製造業大手は、国内での工場を閉鎖して、海外に生産拠点を移すようになった。多くの場合、自社工場ではなく、現地の会社に委託するのだ。その工場が現地の労働者を低賃金で搾取し、労働法も守らない「搾取工場」であることが多数報告されるようになる（クライン 2009）。

１９９０年代から、ナイキの靴を作っているインドネシア等の現地工場が児童や超低賃金労働者を酷使していることがメディア報道などで発覚し、「スウェットショップ」（搾取工場）という呼び名で糾弾された。縫製産業のグローバル・サプライチェーンをさらに掘り起こしていくと、コットン農場に行きつくが、そこでも児童労働が蔓延し、農場では農薬汚染が深刻で、作業をする労働者の健康への悪影響が深刻だと指摘されている。

ラナプラザ・ビルの倒壊

2013年4月24日、バングラデシュ・ダッカ郊外で「ラナプラザ」という名の一棟のビルが崩れ落ち、ビルに入居していた縫製工場で働く労働者1000人以上が命を奪われ、さらに1000人以上が重い傷を負った。

犠牲となった労働者の多くは女性で、児童労働に従事していた子どももいた。工場には、建物が支えきれないほどのたくさんの機械が搬入され、過密状態で人々は工場に押し込められ、安全性が確保されない危険な状態で働いていた。

事故前に建物に亀裂が入り、労働者は「危険だ」「怖い」と声を上げたのに無視され、出勤を余儀なくされた。そして、ついに建物が倒壊するに至ったのだ。この事故は、近年最悪の産業事故として、BBCやCNNなどのニュースを通じて世界中に知られるようになった。

当初は、「バングラデシュの労働環境はなんと非人道的なのだろう！」というのがニュースを見た人たちの感想だった。ところが、まもなく、現場に残されたタグや商品から、彼らが作っていたのがベネトンなど国際的に著名なブランド、特に大量生産、低価格のファッション・ブランドの服であったことが明らかになった。

なぜベネトンの服をイタリアでなくバングラデシュで作るのか、それは圧倒的に安い人件費のせいだ。当時、バングラデシュにおける1カ月の最低賃金は日本円にして4000円程度だった。2000年代に一世を風靡《ふうび》したファストファッション。安さの秘密は、人件費が安いアジアの開発途上国等にある工場に生産を委託して、大胆にコストカットをしたことにあった。しかし、コストカットは人件費にとどまらず、労働者の安全のための費用にまで及び、かけがえのない人命が犠牲となった。

筆者は、2014年にバングラデシュで、倒壊事故の被害者の方々に会う機会を得たが、事故から1年後も神経の麻痺等で歩くことがままならず通院している方々が少なくなかった。一人の少女は児童労働で働き、月給は大人の半分、日本円にして約2000円だった。若い女性は、妊娠中にもかかわらず、週7日、朝7時台から深夜まで働くよう命じられ、負担軽減も認められず働かざるを得なかったという。そうした状況で倒壊事故に襲われ、お腹の子を失い、足は麻痺したままだった。

工場主が破産し、刑事責任を問われて収監されたため、被害者らは、工場に生産を委託していた著名ブランドに補償を求めた。多くのブランドの最初の反応は「当社に法的責任はない」

というものだった。しかし、劣悪な労働環境を知り、または知りうべきだったのに放置して巨額の利益を得た企業が、ことが起きれば何ら賠償責任を負わないまま、逃げる、ということでいいのだろうか。

そして、ラナプラザは氷山の一角に過ぎない。バングラデシュ滞在中に、様々な女性労働者たちに会った。深夜に残業をさせられている間に、工場が火災に見舞われ、多くの労働者が工場に閉じ込められたまま、焼け死んだという話を聞いた。深夜残業をさせている間、労働者が勝手に帰らないよう、遠くの非常口以外の扉は閉められ、労働者は事実上監禁され、脱出できずに犠牲となった。安全管理を行う管理職も不在だったという。

労働者の自宅にもうかがったが、スラム地区にある洞窟のような不衛生な場所での雑居生活で、一人一人には監獄のような狭いスペースがあてがわれているに過ぎなかった。朝から深夜まで毎日働いても、人間らしい生活は到底望めない状況に筆者は言葉を失った。

紛争鉱物をめぐる人権侵害

アフリカでは今も紛争が絶えない。その一つの原因として、豊富な天然資源から生まれる利益を獲得するための争いがある。豊富な天然資源がただ眠っている間は平和だった国でも、その資源に欧米の多国籍企業が目をつけ、獲得に乗り出した時から地元の勢力の間で争いが起きる。レオナルド・ディカプリオが主演した映画『ブラッド・ダイアモンド』(２００６年)は、ダイアモンドの利権をめぐって熾烈な内戦が起きたアフリカの国(モデルとなったのはシエラレオネ)が描かれていた。

私たちに身近なパソコンやスマホに使われる鉱物――タングステン、タンタル、スズ、金なども紛争の火種となっている。アフリカのコンゴ民主共和国やその周辺で採取されるこうした鉱物資源をめぐって内戦が続き、民間人の虐殺が絶え間なく続く。鉱物資源の輸出先は先進国であり、多くの場合、多国籍企業が関与して製品加工され、鉱物の取引で得られた収益は紛争継続の資金源となる。さらに鉱物を採取するプロセスでも大量の児童や、拉致誘拐して強制連行した大人を酷使するなど、非人道的な行為も行われている。こうした問題が指摘され、コンゴ民主共和国からの産品の輸入規制などを実施している国も多い。しかし、鉱物をめぐる人権侵害はコンゴ民主共和国に限った話ではない。

ナイジェリアでの開発事業と人権侵害

欧米等の多国籍企業による石油、ガスなどの天然資源開発は、その地域に生きてきた人々、特に先住民の生活と環境、生存基盤を破壊してきた。

最悪の例といわれるのが、石油大手のシェルがナイジェリアで関与した人権侵害だ。シェルは、子会社を通じてナイジェリアのニジェール・デルタで開発を続け、石油汚染の結果、土壌は回復不可能なほどに汚染され、人々は先祖伝来の生き方と生活環境を奪われた。国連環境計画は、同地域の環境汚染はきわめて深刻であるとの調査報告を公表している。

1990年代、ナイジェリアの現地住民は我慢の限界となり、大規模な反対運動を展開して、国際的な注目と支持を得た。ところが、当時のナイジェリアの軍事独裁政権は反対運動のリーダーたちを恣意的に拘禁し、拷問の末に処刑した。シェルと子会社は、こうした人権侵害を止めるために積極的に行動しなかっただけでなく、政府と協力して人権弾圧に関与した、と指摘されている(白土 2009、ラギー 2014)。

ここまで凄惨な被害でないとしても、開発プロジェクトが先住民の人権に悪影響を与えたり、環境を破壊したり、地域住民を土地から非自発的に立ち退かせる例は世界各地でみられる。

バリューチェーン全体で顕在化する人権への悪影響

ここまで、多国籍企業が生み出す商品の背後にきわめて過酷な人権侵害があることを見てきた。ところが、ビジネス活動によって国境を越えて人権に深刻な影響が発生する事態は、原材料調達や製造過程に限らず。流通、広報、販売、役務《えきむ》提供、投融資など、バリューチェーンの各プロセスで起きている。

近年のテクノロジーの進展は、人権侵害のリスクを増大させている。企業が提供する商品やサービスそのものが、人権侵害の手段になりうる時代が到来した。

企業による各種監視技術を含む製品が権威主義体制国家に納入され、人権弾圧に利用される危険は現実のものとなっている。インターネットに関しては、一方で利用者の通信の秘密、プライバシー権、表現の自由が侵害される危険という問題、他方で利用者によるネット上の誹謗中傷やヘイトスピーチ、児童ポルノやオンライン上の女性に対する暴力など、デジタル技術を用いた人権侵害をどう防止し、被害救済するかという課題に直面している。フェイスブック（現・メタ）、グーグル、アマゾン、アップル（GAFA）、X（旧・ツイッター）等の巨大プラットフォームがヘイトや差別の助長に有効な対処をせず、影響力に見合う責任を果たしていないことは大きな問題である。さらにAI技術に関しては、プライバシー侵害や、差別と偏見の助長など、様々な人権への悪影響が深刻に懸念されている。

気候変動

気候変動のリスクはかつてなく高まり、人類の存立・生存の重大なリスクと認識されるようになっている。

2015年に世界の首脳が合意した「パリ協定」（2016年発効）は、世界の平均気温の上昇を産業革命以前に比べて1・5度以内に抑える努力を追求することで合意した。2018年に気候変動に関する政府間パネル（IPCC）が出した報告書によれば、平均気温上昇を1・5度以内に抑えるには2030年までにCO_2排出量を2010年水準から約45％減少し、2050年前後に正味ゼロ（「ネットゼロ」）にする必要があるという。「ネットゼロ」とは、温室効果ガスの排出量と吸収量のバランスをとり、正味の排出量をゼロにすることを意味する。これが達成されず、1・5度から2度の上昇に近づくと、干ばつと降水量不足の深刻化、生物多様性と生態系へのダメージ、漁業と養殖業の生産性低下、多くの地域での穀物の収穫量の減少、エネルギーや水へのアクセスのリスク、都市のヒートアイランド化の悪化や熱波の被害、オゾン層の暴露による死亡率の増加、感染症の増大が起き、甚大な被害を人類にもたらすことが想定されている。

化石燃料に依存した産業活動は気候変動の主要な原因である。原材料調達からエンドユーザーに至るまで、時に輸送だけでも地球を何度も周回するプロセスを通じて、バリューチェーン全体で多大な温室効果ガスが排出される。こうした産業サイクルは、近い将来人類を直撃する、気候変動に伴う深刻な人権侵害と直結しているのだ。

戦争や内戦とのビジネスのつながり

ウクライナや中東ガザ等、近年勃発した戦争や内戦は、世界の先行きを不安定なものにし、おびただしい数の子どもや女性、民間人の命が奪われている。国連憲章はそもそも武力の行使を原則として禁止しているし、国際人道法は民間人や民間施設への攻撃を禁止しており、その違反は戦争犯罪という重大犯罪だ。また、特定の民族や集団を組織的・系統的に攻撃する行為は人道に対する罪に問われる。民間人の殺傷やレイプ、家屋破壊等は重大な人権侵害にほかならない。

これらは国家や軍事組織が主導する人権侵害だが、その遂行には民間企業の手助けが不可欠であり、軍需産業やテクノロジー関連企業や金融機関が関与している。

3 「ビジネスと人権」に関する意識の高まり

ここまで、氷山の一角に過ぎないが、グローバル経済の下で、国境を越えて活動するビジネス・アクターが、世界各地における人権状況に負の影響をもたらしている事例を概観してきた。「ビジネスと人権」という問題意識は、豊かな多国籍企業の繁栄の陰に、開発途上国の人々が犠牲になる、非対称な構造への批判として生まれた。そして、ビジネスの影響力の増大や科学技術の発展によって、ビジネスが生み出す、あるいは生み出しうる人権侵害がきわめて深刻な影響を全人類に与えかねない、そんな時代が到来した。
同様の認識は国際社会全体に、そして産業界にも広がりつつある。

抗議行動の高まり

1990年代にエスカレートした、グローバリゼーションの結果、「南」の貧しい人を搾取して巨額の利益を得るビジネスによって、世界中の貧富の格差は拡大した。世界の99％の人々が1％の富裕層から搾取され収奪される現実が明らかになり、反グローバリゼーションの対抗言論と、1999年シアトルでのWTO（世界貿易機関）閣僚会議への抗議デモや、2011年のウォール街デモなどの運動が生まれた。利益のためなら、開発途上国の現地住民を犠牲にして何らいとわない、そして海外で引き起こした人権侵害に何ら責任を負わないというビジネスへの批判が高まったのだ。不買運動や、メディア・NGO等による告発の動きも盛んになり、企業は対応を迫られることとなる。

1990年代には、市民社会からの告発や批判を受けた多国籍企業を中心に、企業の社会的責任（CSR）を果たそうという動きが進んだ。しかし、単なるCSRを超えて、企業も人権に対し責任を負うべき、という声は無視できない勢いを持つようになった。

持続可能な開発目標（SDGs）とビジネス

持続可能性、持続可能な社会、という言葉は、いま産業界でも広く浸透しつつある。

2015年9月の国連サミットで加盟国の全会一致で「持続可能な開発のための2030アジェンダ」が採択され、17のゴールと169のターゲットから構成される持続可能な開発目標（Sustainable Development Goals: SDGs）が2030年までの国際目標となった。このままの社会を続けていては有限な地球は取り返しのつかないダメージを受け、私たちの社会は持続可能ではなくなる、という危機感から世界の首脳が持続可能な社会の実現のために合意したのがこの目標である。今や広く浸透し、無視できない国際社会の共通目標となっている。

SDGsの17のゴールは、貧困からの脱却、教育、ジェンダー平等、ディーセントワーク、海や陸の環境保護などを掲げているが、すべてが人権保障と切っても切り離せない。

2030アジェンダは、これらの目標が相互に不可分であること、すべての人々の人権を実現することを目指していること、地球上の「誰一人取り残さない」ことを強調している。注目すべきは、この開発目標は、政府のみならず民間にも実施が呼びかけられていることであり、ビジネスの果たすべき役割は強く期待されている。

ビジネスと人権のアジェンダは、SDGsと相互補完の関係にある。

ＥＳＧを重視する機関投資家

持続可能性を重視する発想は、ビジネスに投資する機関投資家の間でもメインストリームになりつつある。

２００８年のリーマン・ショックは、短期的な利益の追求が資本市場に重大なリスクとなることを警告した。この教訓から、機関投資家は、短期的な利益追求ではなく長期的な視点に立つ必要があること、財務面だけでなく非財務面でもパフォーマンスのよい企業、特に、環境(Environment)、社会(Social)、企業統治(Governance)(頭文字をとってＥＳＧという)を重視した企業経営を行っている企業こそが持続的であり、長期的な成長を達成しうることを認識するようになった。これは、ＳＤＧｓに向けた国際社会の動向と完全に符合している。社会(Ｓ)の中核をなすのが人権尊重である。

人的資本経営

近年、企業にとって最も重要な価値は人材であり、人材に投資し、活用することで、企業の中長期的成長につなげようとする「人的資本経営」という考えが浸透しつつある。同じ文脈で、人材の多様性の確保、女性活躍、ダイバーシティ・エクイティ・インクルージョン(Diversity, Equity, Inclusion: DEI)の重要性が議論されている。これらの課題も前述したＥＳＧのなかのＳの課題と位置づけられている。

しかし、人を活用しようとするなら、人は尊重されなければならない。ダイバーシティを確保しようとするなら、それぞれの人の違いを尊重し、平等に人権を保障しなければならない。多様な人材を獲得し、イノベーションを引き起こそうと考えても、多様な人々が大切に扱われず、声を上げにくい環境では活躍など難しい。

同時に、人生の多くの時間を過ごす職場が倫理的で、持続可能性を重視し、社内外の人権に配慮した企業であるか否かを若い世代は真剣に考慮している。フェイスブック社は一時期、人種差別に寛容なポリシーを社会から強く批判され、内部告発者が会社の内情を暴露し、大量の優秀な人材が相次いで退職する事態に発展した。彼らは高給を支払われ、将来を約束されていたが、自分が誇ることのできない会社で仕事を続けることに耐えられず、見切りをつけたのだ。こうしてフェイスブック社は相当な人的資本を喪失した。

Z世代といわれる現在の若い世代にはすでにSDGsが浸透しており、自社の持続可能性や人権に対する姿勢に敏感である。人的資本を謳い、人材を活用して長期的成長を実現したいのであれば、企業の事業活動全般を通じた人権課題に真摯に取り組むことが企業に求められる時代になっている。

新型コロナが問う人権保障の意義

2020年に猛威を振るった新型コロナウイルス感染症(COVID-19)は、改めて持続可能性と人権という課題を私たちに突き付けた。科学者たちは、気候変動による新たな疫病や感染症の増大を警告していたが、実際、一つの感染症が猛威を振るうだけで、社会と経済はこれほどまでに痛手を被るのかを、世界は多くの犠牲を払って実体験することになった。

国連のグテーレス事務総長は2020年、新型コロナ危機にあたってのメッセージを発表し、新型コロナ対応の中心に人権を守る行動が必要だと強く訴えた。事務総長は、「世界の22億人を超える人々は、水へのアクセスが不十分なため、定期的に手を洗うことができない。ホームレスや、粗末で過密な住宅にいる18億人にとって、ソーシャル・ディスタンスをとることは夢物語だ」として、貧困をなくし、差別をなくし、人権を保障しなければ、パンデミックに打ち勝つことはできないと主張、「誰一人取り残さない」というSDGsの必要性を訴えた(グテーレス 2020)。

これは美辞麗句ではない。世界の一部の人が、衛生手段にアクセスできず、健康に対する権利を否定された状況では、グローバルな感染症リスクは低減しない。そして、感染が発覚すればサプライチェーンは切断される。衛生的でない居住環境に住む労働者を劣悪な環境で搾取するようなサプライチェーンの上に成り立つ生産ラインは、感染症リスクが最も高く、持続可能ではないことが明らかになった。

誰かを排除し、差別し、弾圧しても、感染は止められず、持続可能な経済活動は脅かされる。コロナ危機は、とりわけ、貧しい人々を搾取・利用して成り立ってきたグローバル経済が持続可能でないことを改めて警告した。

Build Back Better（よりよい未来を再建しよう）という言葉も生まれた。新型コロナを克服した後の社会と経済活動は、一人一人の人権を尊重し、持続可能であることが必要となる。誰かの犠牲の上に成り立つようなビジネスは、脆弱で持続可能ではない。ごく当然のことだが、ようやくグローバルにこの認識が浸透しつつあるといえる。

日本もその例外ではない。持続可能性と結びつく人権尊重の課題は、経営理念やビジネスモデルの根幹に埋め込まれ、企業全体で共有され実践されるべき時代になっているといえるだろう。

次章では２０１１年に国連で採択されたビジネスと人権に関する指導原則を見ていこう。

第2章

ビジネスと人権に関する指導原則とは何か

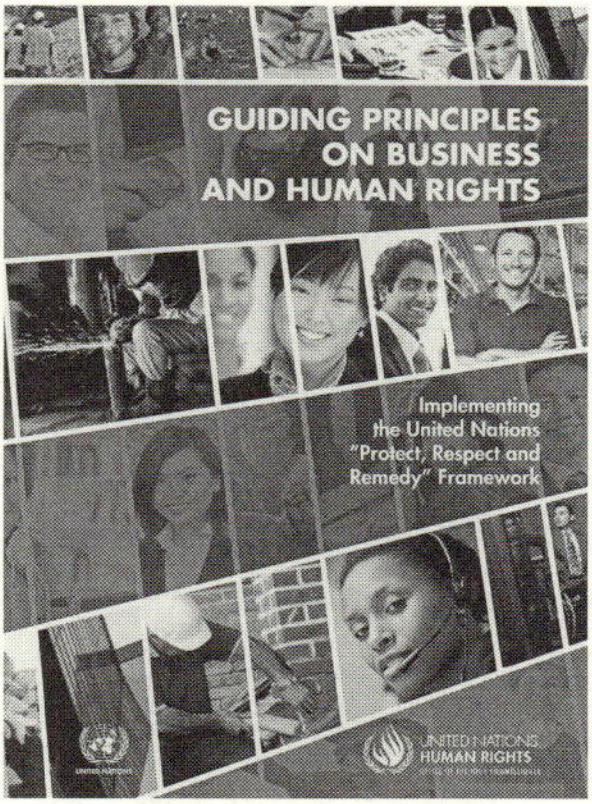

2011年に国連人権理事会が全会一致で採択した，「ビジネスと人権に関する指導原則：国連「保護，尊重及び救済」枠組実施のために」(UN Guiding Principles on Business and Human Rights)の解説書の表紙.
https://www.ohchr.org/sites/default/files/documents/publications/guidingprinciplesbusinesshr_en.pdf

1990年代に急速に進行したグローバリゼーションの結果、企業が地球規模で生み出す様々な人権侵害は、国際社会が対応すべき喫緊の課題として認識されるようになり、2000年代に入るころには、ビジネスが生み出す人権侵害に国連レベルで何らかの対処をしなければならないという機運が高まった。

これまで見てきたとおり、国連総会で世界人権宣言が採択され、自由権規約、社会権規約など、様々な人権条約も採択された。しかし、世界人権宣言も人権条約も、国家による個人の人権保障の義務を定める文書であって、義務を負うのは国家であるとされてきた。しかし、企業が世界の人々の人権に及ぼす負の影響が増大するなか、企業にも人権に関する義務や責任を明記した国連文書を創ろうという動きが進んだのだ。

こうしたなか、2011年に国連人権理事会において、全会一致で採択されたのが、「ビジネスと人権に関する指導原則：国連「保護、尊重及び救済」枠組実施のために」である(以下、「指導原則」という)。

指導原則は、企業には国際的に認められた人権を尊重する責任があることを初めて明記した国連文書である。そして、企業が人権に及ぼす負の影響に対処するための具体的な原則とガイダンスを定め、ビジネスと人権に関する国際基準を確立した点で、重要な意義がある。

指導原則の法的な性格は、人権理事会の決議によって承認された一文書に過ぎず、各国に法的な義務を課す国際条約ではないし、ましてや企業に法的義務を課す文書でもない。一般に、法的拘束力のある法規範(国際条約や国内立法)を「ハードロー」と呼ぶのに対して、国連などで採択される宣言文書や各国政府や国際機関などが定めるガイドラインといった法的拘束力のない文書を「ソフトロー」と呼ぶが、指導原則は「ソフトロー」に位置づけられる。

こうした「ソフト」な文書であるため、各国政府も企業も深刻な警戒をすることなく、この原則を支持することになった経緯があるといえる。しかし、ひとたび採択されると「ソフトロー」でも多大な威力を発揮する結果をもたらす場合がある。指導原則はまさにそうした影響力の大きなソフトローといえる。指導原則は、広範な国家と主要な企業の賛同を得ており、きわめて大きな影響力を持つ。

そこで、本章では、指導原則誕生までの歩みを概観した後、指導原則の内容を詳しく見ていきたい。

1　指導原則誕生までの道のり

多国籍企業規制への挑戦

多国籍企業による地球規模での人権侵害や環境破壊に対し、歯止めをかけようとする国連の動きはすでに1970年代に始まった。国連事務総長のもとに結成された多国籍企業の影響を研究する専門家グループは、多国籍企業を規律する行動規範を国連が採択するよう勧告した。1975年には、多国籍企業に関する国連行動規範の制定を主な任務とする国連多国籍企業センターが創設され、10年以上にわたる検討を受け、1990年に行動規範の草案が採択された。しかし、先進国と途上国の間の見解の不一致によって最終的に採択されることはなかった(De Schutter 2006)。

一方、OECD(経済協力開発機構)は、1970年代に途上国で展開された多国籍企業への批判に対応するかたちで、1976年に「多国籍企業行動指針」を採択した。これは、OECD加盟国政府とそれ以外の政府が共同で多国籍企業に対して行った勧告であり、多国籍企業の世界経済における役割の大きさを踏まえ、責任ある行動をとるよう求めるものである。この指針は、法的拘束力のないソフトローであるが、OECD諸国の企業に対しては一定の影響力を有する。ただし、2011年の改訂まで、人権に対する位置づけは十分なものではなく、人権に関する独立した項目は存在しなかった。

ILOは、グローバル化のもと、多国籍企業に対して公正な労働条件と労働環境を促すために「多国籍企業及び社会政策に関する原則の三者宣言」(1977年)を採択し、企業を含むすべての当事者が、中核的労働基準を定めた「労働における基本的原則及び権利に関するILO宣言」の実現に貢献すべきだとし、雇用、訓練、労働条件・生活条件、労使関係に関して多国籍企業のなすべきことを明らかにし、順次改訂した。

国連グローバル・コンパクト

しかし、第1章で見てきたとおり、冷戦終結後の世界では多国籍企業がもたらす地球規模での弊害がさらに深刻になっていた。国連事務総長コフィ・アナンは1999年1月31日の世界経済フォーラムで、世界各国の企業に対して「グローバル・コンパクト」構想を提唱。人権、労働、環境、腐敗防止の4分野について企業が社会的責任を負うべき10の原則を定め、参加企業にこの原則の支持と実行を求める「グローバル・コンパクト」が2000年正式に発足した。

10の原則の筆頭は人権尊重であり、原則1は、「国際的に宣言されている人権の保護を支持、尊重する」、原則2は、「自らが人権侵害に加担しないよう確保する」と規定する。原則3は結社の自由と団体交渉権、原則4は強制労働の撤廃、原則5は児童労働の廃止、原則6は雇用と職業の差別撤廃を支持する旨規定している。

グローバル・コンパクトの参加企業はその後拡大し、2024年現在、世界約167カ国で2万3000以上の企業(中小企業を含む)と3000以上の団体が署名したとされる。

企業の社会的責任

さらに、1990年代には、市民社会からの告発や批判を受けた多国籍企業を中心に、企業の社会的責任(CSR)を果たそうという動きも進んだ。企業の主要な活動は、自発的な行動規範を採択し、自社の事業が人権、環境等を害さないよう自主ルールを定めるとともに、取引先にもその遵守を求めるものである。企業は自社の行動規範の遵守をサプライヤーにも求め、サプライヤーによる遵守状況を監視するために、内部監査、第三者監査を行うようになった。とはいえ、CSRは企業の自発的な取り組みであり、実効性には多くの疑問が呈された。ナオミ・クラインは、「行動規範はひどく曖昧な存在である。法律とは違い、違反しても罰則はない。そして組合との協約のように、労働者の要求に応えて、工場の責任者と協議の上でつくられたものでもない」とし、「何層にも広がる下請け、孫請けのシステムのなかで、誰がこの規定を監視するのか？　誰が違反を取り締まるのか？　違反した際の罰則はどうなっているのか？」と疑問を提起した（クライン 2009）。

国連人権小委員会の挑戦と挫折

こうしたなか、2000年代初頭、国連人権委員会（2005年の国連機構改革で、国連人権理事会に改組）の補助機関である「人権促進保護小委員会」（以下、「小委員会」という）が注目すべき提案をした。小委員会は、2003年、「多国籍企業その他のビジネス活動の人権に関する規範（案）」（以下、「規範案」という）という文書を採択し、国連人権委員会等での討議を求めたのだ。

この文書は、多国籍企業その他の企業には、それぞれの活動と影響力の範囲において、国際法及び国内法で認められる人権を尊重、保護、促進する義務があると規定し、具体的には差別禁止、人身の保護、労働者保護、消費者保護、環境保護等の義務を特定した。そして、企業は、自社だけでなく取引関係においてもこの規範を守るべきだとした。さらに、多国籍企業その他の企業は、既存の、あるいは今後創設される国連のメカニズムにより、定期的なモニタリングを受けるとし、そのメカニズムには、NGOなどが苦情申立てを行うことができるとした。アムネスティ・インターナショナルをはじめ、多国籍企業の目に余る人権侵害を追及してきた世界の人権NGOは、この提案を強く支持し、国連文書として正式に採択がされるよう、キャンペーンを展開した。

ところが、多国籍企業やその本国である欧米諸国はこの提案に猛烈に反対した。企業に国際人権法上の義務を課したり、国連レベルのモニタリング・メカニズムを創設するなど、当時隆盛を極めた多国籍企業にとっては言語道断なことであった。先進国政府からは次々と慎重論が出され、結局、この文書は国連人権委員会や経済社会理事会では議論にすら付されずに、「お蔵入り」とされた。

ビジネスと人権に関する国際規範をめぐって、人権専門家やNGO、多国籍企業やその利益を代弁する政府との間に深刻な溝ができ、国連文書採択はまたしても頓挫した。

ジョン・ラギーによる合意形成

こうしたなか、2005年に国連事務総長のもとに「人権及び多国籍企業並びにその他の企業の問題に関する特別代表」というポストが新設される。そして、このポストに任命されたジョン・ラギーのイニシアティブのもと、ビジネスと人権に関する調査研究と並行して、国連の成果文書をまとめあげる試みが始まった。

ラギーは、この過程でまず、「規範案」が提案した、企業に国際人権法上の義務を課す、規制的なアプローチは採用しないことを明らかにした。ラギーは「戦争犯罪、人道に対する罪等の例外を除き、企業に拘束力のある義務を課す国際法上の原則はない」と主張したのだ。この選択は企業には歓迎されたが、ＮＧＯからは猛烈に批判された。

そのうえでラギーは、人権の主要な義務履行者は国家であることを前提に、国家には人権を保護する義務、企業には人権に関する社会的な責任、そして被害者には救済のアクセスが必要だという、当時の国際社会が一致できる最低限のコンセンサスを確認し、このコンセンサスを土台に、31の原則からなる指導原則を起草し、２０１１年にこれが全会一致で採択されたのである。激しい利害対立から少しずつ溝を埋めて指導原則の採択に至ったラギーの奮闘は、ラギーの著書『正しいビジネス』（ラギー 2014）に詳しく紹介されている。

指導原則は、ビジネス活動による人権侵害への対応として、第一に、人権を保護する国家の義務（第一の柱）、第二に、人権を尊重する企業の責任（第二の柱）、第三に、救済へのアクセス（第三の柱）という三つの柱からなるフレームワーク（「保護」「責任」「救済」）を提示し、柱ごとに具体的な定めを置いている。

それでは以下、指導原則の具体的な内容を見ていこう。

2　国家の「保護」する義務（第一の柱）

指導原則の第一の柱は、国家の保護する義務、である。

指導原則はまず、基盤となる原則1・原則2に以下のとおり規定する。

1　国家は、その領域及び／または管轄内で生じた、企業を含む第三者による人権侵害から保護しなければならない。そのために、実効的な政策、立法、規制及び裁定を通じてそのような侵害を防止し、捜査し、処罰し、そして補償するために適切な措置をとる必要がある。

2　国家は、その領域及び／または管轄内に住所を定めるすべての企業がその活動を通じて人権を尊重するという期待を、明確に表明すべきである。

原則1は要するに、国家は、自国内の人々(自国領域・管轄下にある人々)を企業などの人権侵害から保護する義務を負い、そのために政策、立法による規制や、裁判等の手段を通じて人権侵害を防止する必要があるし、ひとたび人権侵害が発生した場合は捜査を行い、加害者を処罰し、被害救済のための措置をとる必要があると述べている。これは、国際人権法がこれまで積み上げてきた、自国領域・管轄下での保護義務をそのまま踏襲しているといえる。

一方、原則2は、国家は、人権を尊重することの期待を、自国企業に表明すべきと述べている。ここで求められるのは、自国企業が海外で人権侵害をしないための国家の対応だが、「期待の表明」というのはやや弱く聞こえるだろう。原則2の解説は、国際人権法上、自国企業の域外活動を規制することは一般的に求められてもいないし禁止されてもいない、と説明している。

運用上の原則の冒頭である原則3は以下のとおり規定する。

> 3　保護する義務を果たすために、国家は次のことを行うべきである。
> a　人権を尊重し、定期的に法律の適切性を評価し、ギャップがあればそれに対処することを企業に求めることを目指すか、またはそのような効果を持つ法律を執行する。
> b　会社法など、企業の設立及び事業活動を規律するその他の法律及び政策が、企業に対し人権の尊重を強制するのではなく、できるようにする。
> c　その事業を通じて人権をどのように尊重するかについて企業に対し実効的な指導を提供する。
> d　企業の人権への影響について、企業がどのように取組んでいるかについての情報提供を奨励し、また場合によっては、要求する。

つまり、企業に人権の尊重を求める指導や政策の実施、あるいは法律の実施によって、さらには企業に情報提供を奨励したり要求することを通じて、企業による人権尊重を促していく、ということである。人権尊重を企業に法律によって義務づけることは、国家のとるべき行動のリストには入っていない。原則3は、自国企業の海外も含めた活動に関する国家の義務について、総じて微温的な取り組みを列挙しているが、これが2011年当時のコンセンサスだったといえよう。

ただし、原則3の解説は、「国家は、企業が常に国家の不作為を好み、または国家の不作為から利益を得ると推定すべきではなく、企業の人権尊重を助長するため、国内的及び国際的措置、強制的及び自発的な措置といった措置を上手に組み合わせることを考えるべきである」と指摘している。「上手に組み合わせる」は原文では「スマートミックス」であるが、指導原則の実施においてしばしば用いられるキーワードである。

原則4〜6は、国家と一定のつながりのある企業に関して、以下のように定める。

> 4　国家は、国家が所有または支配している企業、あるいは輸出信用機関及び公的投資保険または保証機関など、実質的な支援やサービスを国家機関から受けている企業による人権侵害に対して、必要な場合には人権デュー・ディリジェンスを求めることを含め、保護のための追加的処置をとるべきである。

5　国家は、人権の享受に影響を及ぼす可能性のあるサービスを提供する企業と契約を結ぶか、あるいはそのための法を制定している場合、国際人権法上の義務を果たすために、しかるべき監督をすべきである。
6　国家は、国家が商取引をする相手企業による人権の尊重を促進すべきである。

原則4は、国家が所有・支配している企業や、国家からの支援を受けている企業に関しては、企業に人権デュー・ディリジェンスの実施を求めるなどのより強い措置をとるべきだという。国家から支援を受ける企業とは、輸出信用機関、公的投資保険・保証機関、開発機関、開発金融機関などがあり得る。日本においては、国際協力銀行(JBIC)、日本貿易保険(NEXI)、国際協力機構(JICA)等がこれに該当する。特に、政府開発援助で行うプロジェクトが地域住民らの人権を侵害しないよう、国は強い措置を講じるべきことになる。人権デュー・ディリジェンスについては、本章3節で詳述する予定だ。

原則5は、電力や水道、医療、社会保障など、人権に直結するようなサービスを国が企業に委託したり、民営化しているような場合、当該企業が人権を守るように国として監督すべき、との趣旨である。

原則6は、公共調達等において、国と契約したり、受注を受ける企業に対し、契約条件などを通して人権を尊重するよう促進することを求めている。

原則7は、紛争影響地域における企業の活動に関する原則であり、以下のように規定されている。

7 重大な人権侵害のリスクは紛争に影響を受けた地域において高まるため、国家は、その状況下で活動する企業がそのような侵害に関与しないことを確保するために、次のようなことを含めて、支援すべきである。

a 企業がその活動及び取引関係によって関わる人権関連リスクを特定し、防止し、そして軽減するよう、できるだけ早い段階で企業に関わっていくこと。

b ジェンダーに基づく暴力や性的暴力の双方に特別な注意を払いながら、侵害リスクの高まりを評価しこれに対処するよう、適切な支援を企業に提供すること。

c 重大な人権侵害に関与しまたその状況に対処するための協力を拒否する企業に対して、公的な支援やサービスへのアクセスを拒否すること。

d 重大な人権侵害に企業が関与するリスクに対処するために、国の現行の政策、法令、規則及び執行措置が有効であることを確保すること。

武力紛争下においては、企業が重大な人権侵害に関与するリスクが高い、との前提に立ち、国家に対し、自国企業の海外活動にも、積極的に関与することを求めるものだ。

企業が人権侵害に関与するリスクを防止・軽減できるよう早い段階から国家が企業に関与し、紛争地域における人権へのリスクの深刻化をモニタリング・評価し、リスクが深刻化した場合は企業に注意喚起をするなどの緊密な支援をすべきだとする。そして紛争影響地域で重大な人権侵害に関与したり、状況に対処するための協力をしない企業に対しては、国としての支援を拒否し、さらに、法的措置を講じることを求めている。

3　企業の責任(第二の柱)

企業の責任の基本的内容

指導原則11は、企業の責任を「企業は人権を尊重すべきである。これは、企業が他者の人権を侵害することを回避し、関与する人権への負の影響に対処すべきことを意味する」と定義した。この企業の「責任」(Responsibility)とは、人権に対する国際法上の義務(Duty)ではなく、社会的責任だとされる。

企業の責任範囲

指導原則は、企業の人権尊重責任の範囲を広く定義しており、この点は重要な進歩として注目に値する。

まず、原則12は、企業が責任を負う人権とは何かについて、以下のように規定する。

> 12　人権を尊重する企業の責任は、国際的に認められた人権に拠っているが、それは、最低限、国際人権章典で表明されたもの及び労働における基本的原則及び権利に関するＩＬＯ宣言で挙げられた基本的権利に関する原則と理解される。

第1章でも紹介したとおり、国際人権章典とは、世界人権宣言及び、国際人権条約である自由権規約、社会権規約のことを指す。「労働における基本的原則及び権利に関するＩＬＯ宣言」が4分野（のちに5分野）の基本的権利の実現を目指すことを確認したことも第1章に紹介したとおりである。第1章で、人権とは、人であれば誰でも、生まれながらにして平等に認められる権利であり、国際人権法によって保障されている、と詳述したところだが、指導原則も同様の立場に立っている。

次に、原則13は、企業の責任を以下のように定める。

13　人権を尊重する責任は、企業に次の行為を求める。
a　自らの活動を通じて人権に負の影響を引き起こしたり、助長することを回避し、そのような影響が生じた場合にはこれに対処する。
b　たとえその影響を助長していない場合であっても、取引関係によって企業の事業、製品またはサービスと直接的につながっている人権への負の影響を防止または軽減するように努める。

人権への「負の影響」とは自社が自ら人権を侵害することにとどまらない。事業活動の結果、個人の人権に悪影響を与える結果となれば、それは広く「負の影響」に該当する。

例えば、温室効果ガスの排出削減に消極的な企業がたくさんあり、横並びで十分な気候変動対策を怠った結果、ある地域では海面が上昇し、多くの住民が先祖伝来の生活手段や土地への権利を奪われた場合、住民の人権には「負の影響」が生じたことになる。また、公共サービスが民営化され、水道料金が非常に高くなった結果、人々の安全な水へのアクセスが難しくなったような場合も、「負の影響」が起きたといえる。

人権に対する「負の影響」と企業のつながりについて、指導原則は、自ら「引き起こす」場合、「助長する」場合、取引関係によって「直接的につながっている」場合があると類型化している。そして、企業は、まず自らの活動を通じて「負の影響」を引き起こしたり、助長しないよう防止しなければならず、それでもそうした影響が発生した場合は、これに取り組むべき責任があるとされる（原則13ａ）。ちなみに、「助長」とは、自社は率先して人権侵害をしているわけではないが、他社が人権に負の影響を引き起こしている際に、これを援助するなどして加担する場合や、子会社や立場の弱い取引先に対して人権に負の影響が及ぶような事業活動の遂行を求める場合などがあり得る。

そして、指導原則の重要な点は、さらに一歩、企業の責任範囲を拡大したことにある。自社の事業活動によって、人権に対する負の影響を引き起こしたり、助長していない場合であっても、自社の「取引関係によって企業の事業、製品またはサービスと直接的につながっている」状況下では、人権に「負の影響」が発生する可能性があるのだから、それを防止し、発生してしまった負の影響については軽減するように努力する責任を企業は負う、というのだ。

このように、指導原則は、自社のみならず取引先で起きている人権侵害や負の影響にも対処することを企業に求めている。しかも、「直接的につながっている」というのは、直接の契約関係のある取引先に限定されない。第1章で見たとおり、現代のビジネスは、商品一つをとってみても、商品の原材料調達から、販売、流通、エンドユーザーに至るまでの取引連鎖でつながっている。サービスも同様だ。このすべての取引連鎖を「バリューチェーン」というが、企業の人権尊重責任は、自社だけでなくすべてのバリューチェーンに及び、そのどこかで発生しうる人権への負の影響についても防止し、あるいは軽減するための努力を尽くす責任があると規定しているのだ。

第1章で見たラナプラザを例にとろう。人権侵害を引き起こしたのは、ビルで縫製工場を営んでいた地元企業だろう。しかし、その地元企業に生産を委託していたファッション・ブランドは、製品に直接つながっている生産委託先であるバングラデシュの工場で起きている人権への負の影響（倒壊事故によって、人々が命を奪われる人権侵害のリスク、もっとさかのぼれば危険な環境で労働に従事させられている労働者の権利侵害）を未然に防止すべきだったし、発生してしまった負の影響に対しては、軽減する努力を尽くすべきだ、ということになる。

仮に、地元企業とブランド企業の間に商社などの中間企業がワンクッション入っていたとしても、ブランド企業の人権尊重責任が免責されるわけではない。

さらに、さかのぼって原材料となっているコットンの生産過程で人権に対する負の影響が発生する可能性もあるが、コットンが商品と直接的につながっていることは明らかだ。ブランド企業はコットンの調達に関しても人権に対する負の影響を防止し、軽減する努力をすべきということになる。

企業の責任の内容

それでは、企業は、具体的には「人権を尊重する責任」を果たすためにいかなる行動が求められるのか。指導原則15は、以下の3つの具体的行動が求められるという。

a　人権を尊重する責任を果たすという方針によるコミットメント
b　人権デュー・ディリジェンスのプロセス
c　企業が引き起こし、または助長する人権への負の影響からの是正を可能とするプロセス

まずは、「方針によるコミットメント」である。これは、私たちの企業は、人権を尊重する責任を果たします、ということを内外に宣言・誓約し、方針を策定することである。事業活動から切り離された部署で、人権対応を行っています、会社が抱える人権問題が発生したらその都度対応しています、ということでは十分ではない。どのように人権を尊重するのかを明記した人権方針を企業の最高意思決定機関で策定し、対外的に公表して、企業としてコミットメントを誓約する必要がある。人権方針を経営方針にも

反映させ、これに取り組んでいくことを全社的に確認し、すべての部署と社員に周知徹底し、商品企画や原材料調達、販売、従業員への対応など、企業のすべての事業活動に浸透させる必要がある。さらに人権方針は取引先にも伝え、取引先にもこの方針を理解し、いっしょに実現してほしいと働きかけることが求められる。

指導原則16は、人権方針は以下の要件を満たさなければならない、という。

a　企業の最上級レベルで承認されている。
b　社内及び／または社外から関連する専門的助言を得ている。
c　社員、取引先、及び企業の事業、製品またはサービスに直接関わる他の関係者に対して企業が持つ人権についての期待を明記している。
d　一般に公開されており、全ての社員、取引先、他の関係者にむけて社内外にわたり知らされている。
e　企業全体にこれを定着させるために必要な事業方針及び手続のなかに反映されている。

次に「人権デュー・ディリジェンス」である。

原則17は、企業は、人権への負の影響を特定し、防止し、軽減し、どのように対処するかに責任をもつために「人権デュー・ディリジェンス」を実施すべきであるとし、「人権デュー・ディリジェンス」の4つの構成要素を以下のとおり明らかにしている。

①実際のまたは潜在的な人権への影響を考量評価すること
②その結論を取り入れ適切な措置を講じること
③それに対する反応を追跡検証すること
④どのようにこの影響に対処するかについて知らせること

①から④だけではイメージがわかない、という人も多いだろう。人権デュー・ディリジェンスについては項を改めて説明したい。

最後に「是正」である。原則22は、企業が負の影響を引き起こしたこと、または負の影響を助長したことが明らかになった場合に、企業は「正当なプロセスを通じてその是正の途を備えるか、それに協力すべきだ」とする。「是正」とは、現に起きている人権侵害をやめさせること、根本原因を解決し、再発防止に取り組むこと、被害者に発生した人権への負の影響に対処することなどを意味する。その意味で、この「是正」は、人権デュー・ディリジェンスとも、指導原則の第三の柱である被害救済とも、密接に結びついている。

人権デュー・ディリジェンス

指導原則17以下で詳細に規定される「人権デュー・ディリジェンス」は、指導原則によって新たに提唱された用語であり、指導原則が規定する企業の人権尊重責任を果たすうえで中核的な概念となっている。

「デュー・ディリジェンス」は、国際法上は、国家が人権や環境等の損害を国内外においてもたらさないための相当の注意義務として理解されてきた。一方、企業は全く異なる文脈で「デュー・ディリジェンス」という言葉を使ってきた。1990年代以降、企業合併や買収などの局面で採用されてきた、合併・買収先に法務や財務等経営のリスクがないかを、事前に徹底して調べる、という企業のリスク管理のプロセスである。ラギーは、「人権デュー・ディリジェンス」は、後者のプロセスを参考に、企業がバリューチェーン全般で責任を実現するための実務的なガイダンスとして「創設」したものであるという。ただし、企業がこれまでなじんできたデュー・ディリジェンスは、企業(自社)にとってのリスクを特定・把握する目的で行われるのに対し、「人権デュー・ディリジェンス」は人権の負の影響を受ける人のリスクを把握し、対応する点で決定的に異なっている。

原則18〜21はこの人権デュー・ディリジェンスの構成要素である前述の①から④をそれぞれ

説明している。

まず、①は、企業が自らの活動を通じて、あるいは取引関係によって関与することになる可能性のある、人権に対する現実または潜在的な負の影響を特定し評価することである（原則18）。人権に関するリスクアセスメントといえば、わかりやすいだろう。

②は、人権への負の影響を防止・軽減するために、①の影響評価の結論を「関連する全社内部門及びプロセスに組み入れ、適切な措置をとる」ことである（原則19）。

では「適切な措置」とは何か。指導原則の解説は、企業が負の影響を「生じさせた場合」「助長した場合」「直接関連している場合」に分けて、企業に求められる行動を明記している。

まず、企業が自ら、人権への負の影響を生じさせた、あるいはその可能性がある場合、指導原則は企業に対し、「その影響を止め、または防止するために必要な手段をとる」ことを求めている。

次に、企業が他者を通じて人権への負の影響を助長した場合、または助長しうる場合、指導原則は企業に対し、「助長を止め、または防止するために、必要な手段をとる」ことを求める。企業は「残存するどんな影響をも軽減するため、可能な限りその影響力を活用すべき」だとされる。

最後に、企業が負の影響を自ら生んでもいないし、他者を通じて助長してもいないが、企業と人権の負の影響が取引関係によって「直接関連している場合」がある。指導原則の解説は、「影響力」を行使して、その負の影響を防止したり軽減するよう努めるべきだとする。そして自社だけでは取引先の行動を是正するほどの影響力がない場合、「影響力」を強めるよう努力すべきだという。しかし、結局、影響力を行使できないまま、人権への負の影響が続く場合、取引関係の終了も視野に置くべきだと指導原則の解説は指摘する。

縫製産業で、サプライヤーの工場が児童労働を使用しているとメディア報道が出た場合を例にとろう。児童労働が発覚したからといって、ただちに取引関係を終了するのは間違っている。そのあおりを受けて、より多くの労働者が職を失い、ホームレス化する危険が増大するかもしれないからだ。企業としては、まず事実確認を行い、サプライヤーとともに協力しながら、改善を進めていくことになる。児童労働に頼らなければならない原因や背景事情を把握して、これに対処することが必要となる。

サプライヤーがなかなか真摯に取り組まない場合、その工場に委託している他のブランド企業にも呼びかけて、共同で要請を行ったり、対話を重ねるなどして影響力を強め、改善を実現する。こうした取り組みは、「集団エンゲージメント」といわれる。しかしそれでも、サプライヤーが一向に改善提案を受け入れない場合、取引停止を検討することになる。

ただし、取引停止によってサプライヤー工場の多くの労働者の雇用喪失につながる場合は、それ自体が重大な負の影響であることから、そうした懸念がないかどうかリスクアセスメントを行ったり、労働者に負の影響が生じないような対応（直接的な支援を労働者に行うなど）にも同時に取り組むことが求められる。

次に、③は、講じられたプロセスの効果を検証・追跡評価することである（原則20）。②で行われた措置が、人権の負の影響を防止し、軽減するために、実効性があったかを評価し、問題があれば、より実効性のあるアプローチに軌道修正をして、次の行動に移す、ということになる。「人権デュー・ディリジェンス」は一回やれば終わりではなく、効果を検証し、常に繰り返されるべき循環プロセスである。Plan（計画）、Do（実行）、Check（測定・評価）、Action（対策・改善）というPDCAサイクルは広く様々なプロジェクトで進められているが、同様の発想ということになる。企業が初めて導入した人権に関する施策は、バリューチェーンの末端で最も苦しんでいる人々の実情にそぐわず、効果的でない場合が少なくない。自己満足に陥らずに、効果を検証し、修正していかないかぎり、人権の負の影響は全く解決されない。

最後に、④は、負の影響に対してどのように対処したかを対外的に示し、ステークホルダー（利害関係者等）に開示することである（原則21）。対外的な情報提供や開示は、企業として透明性を確保し、説明責任を果たすうえで非常に重要である。

NGOが日本企業にレターを送って特定の人権侵害への対処をどう進めるのか、と質問することがある。これに対し、多くの日本企業は「我々は人権を尊重しています。人権方針を掲げ、人権デュー・ディリジェンスを実施しています」などと回答するが、問われている人権課題についてどんな調査をし、どんな施策を実施しているのか全く回答しないことがある。これでは何らの責任も尽くされたことにはならない。密室で何らかの対策をしているとしても、開示されなければ、本当に有効な対策が打たれているのか外部から検証することもできないし、関係者との対話も成り立たない。人権デュー・ディリジェンスをブラックボックス化させないためにも、開示はきわめて重要である。

ステークホルダーとの協議

人権デュー・ディリジェンスのプロセスでは、事業によって影響を受けるステークホルダーとの協議と情報提供が求められる。指導原則18、20、21には事業によって影響を受けるステークホルダーに関する言及があるが、人権デュー・ディリジェンス全体を通じて必要とされる。

ステークホルダーとは、一般に利害関係者を意味し、企業の文脈では、株主(シェアホルダー)と対置して語られることが多い。ここで「影響を受けるステークホルダー」とは、企業の事業活動や製品、サービスによって、利害関係に影響を受ける個人や集団をいう。ステークホルダーのうち、人権に影響を受ける個人や集団を、ライツホルダー(Rights Holder)という。

企業は、人権デュー・ディリジェンスにあたって専門家やコンサルタント、企業本国のNGOや国際NGOの意見を聞いて進める場合が多い。しかし、現場に近い声でないかぎり、机上の空論に過ぎないこともありえる。現場で起きている現実や人々が真に求める解決、真に実効性のある対策を知るには、現場の声を聞き、現場と共同して問題解決に当たることが必要であり、特に脆弱な立場に置かれたライツホルダーとの対話を重視することが求められる。

国際人権法を基準とする行動

指導原則は国際的に認められた人権尊重を企業に求めるが、操業地の国内法令遵守との間に矛盾が生じた場合、どうするか。例えば人権を厳しく統制する権威主義国家などで事業活動を行う場合、その国では人権を抑圧する治安立法が存在し、企業にもこうした法律を遵守することを求めてくる場合がある。そうなると、国内立法の遵守と人権の尊重との間に矛盾が生じる。こうした場合はどうすべきか。指導原則は、「国際的に認められた人権の原則を尊重する方法を追求する」(原則23)と明記し、国際的な人権尊重の要請を優先することを求めている。

4　救済へのアクセス(第三の柱)

第三の柱は被害救済について定める。

指導原則25は「ビジネスに関連した人権侵害から保護する義務として、国家は、その領域及び／または管轄内において侵害が生じた場合に、司法、行政、立法またはその他のしかるべき手段を通じて、影響を受ける人々が実効的な救済にアクセスできるように、適切な措置を取らなければならない」とする。そのうえで、国家基盤型の司法的メカニズム（原則26）、国家基盤型の非司法的苦情処理メカニズム（原則27）、非国家基盤型の苦情処理メカニズム（原則28）のそれぞれについて対応を規定する。

司法的メカニズムとは、つまり裁判所である。人権に対する負の影響を受けた被害者が企業を訴える裁判を提起するような場合に、被害者にとって司法へのアクセスがしやすいように条件整備を進めることが国に求められる。非司法的苦情処理メカニズムとは、国が取り組む、裁判所以外の人権救済申立てのシステムである。

国内人権機関

非司法的苦情処理メカニズムとして、一番推奨されるのは国内人権機関（National Human Rights Institute）である。国内人権機関とは、耳慣れない機関かもしれない。しかし、世界約120カ国ですでにこの国内人権機関が設置されており、人権侵害に迅速に対処し、様々な局面で危機にさらされた人々を守り、人権の保障を前進させる活発な活動を展開している。

1993年にウィーンで開催された国連の世界人権会議は、人権を守る国内のメカニズムとしての「国内人権機関」を世界各国で設置するように求めた。国内人権機関は、政府からの独立性を持ち、強力な権限を有する人権擁護機関であり、国連はそのあり方を「パリ原則」として定めている。国内人権機関が存在しない日本は、いまや世界の少数派だ。

多くの人が、人権を侵害されても、訴えを聞いてくれる救済機関がないため、泣き寝入りを余儀なくされている。国内人権機関に対して、人権侵害の救済を求めることができれば、もっと多くの人が理不尽な人権侵害から早期に救済されるに違いない。

苦情処理メカニズム(グリーバンス・メカニズム)

一方、指導原則は、企業に対し、事業活動の影響を受けた個人やコミュニティのために、「苦情への対処が早期になされ、直接救済を可能とするように」実効的な事業レベルの苦情処理メカニズム(グリーバンス・メカニズムともいう)を確立するか、あるいはこうしたメカニズムに参加するよう求めている(原則29)。また、産業団体、マルチ・ステークホルダー等の協働型のイニシアティブに対しても、実効的な苦情処理メカニズムを備えるよう求めている(原則30)。

苦情処理メカニズムとは、企業の事業活動によって負の影響を受けた個人が直接不服申立てを行って問題解決を求めることができるメカニズムである。この中立てに基づいて、実態調査が行われ、事実が認定され、人権に対する負の影響が確認された場合は是正や被害救済の措置が講じられる。

日本でも近年、通報窓口を設ける企業が増えており、ホットライン、ヘルプライン、コンプライアンス相談窓口などと名称は様々だ。社内のみならず社外の関係者からの苦情を受け付ける企業、自社ではなく外部の相談窓口を設ける企業も増えてきた。しかし、多言語であるか、通報者が報復を恐れずに相談できる窓口となっているかなど、課題が多い。

指導原則31は、実効性のある苦情処理メカニズムであるために、概略、以下の要件が必要だ、としている。

a　ステークホルダーから信頼され、正当性があること
b　アクセスしやすいこと
c　手続が予測可能であること
d　公平であること
e　透明性があること
f　国際的に認められた人権に合致すること

g　企業が苦情から学び、対応を改善する源となること
h　ステークホルダーと対話・協議しながら運用されること

果たしてこのような要件を満たす通報窓口が日本にどれだけあるか、問われるだろう。

5　指導原則の実施に向けての動きと課題

こうして、指導原則は２０１１年に採択された。しかしどんなに画期的な原則でも、それが受け入れられ、実施されなければ、その意味は大きく減じられる。そこで、指導原則が国際社会と各国で影響力を持ち、企業にも活用されることを企図して、様々な取り組みが進められていく。

国連ビジネスと人権作業部会

まず、国連の人権メカニズムの中に、指導原則の実施を推進するメカニズムを埋め込む必要がある。そこで、２０１１年6月に国連人権理事会は、指導原則の採択と併せて、「人権及び多国籍企業並びにその他の企業の問題に関する作業部会」（国連ビジネスと人権作業部会）を設置す

ることを決議した。この作業部会は5人の独立専門家で構成され、3年の任期で指導原則の実施の促進、キャパシティビルディング、国家への助言と勧告、国別訪問、政府との対話などの任務を行うとされ、任期とメンバーが更新されて現在に至る。２０２３年夏に訪日調査を実施したのもこの作業部会のメンバーだ。

指導原則に対する国際機関・地域機関の支持

指導原則は、ＥＵ、ＯＥＣＤ等の国際機関や地域機関から支持され、指導原則の内容が、これらの機関の定める文書に反映されるようになっていく。

まず、ＯＥＣＤは、２０１１年にＯＥＣＤ多国籍企業行動指針を改訂し、新たに「人権」の章を新設し、指導原則を取り入れた内容にした。これを機に、指導原則に違反して被害を受けた個人は、ＯＥＣＤの紛争解決窓口であるナショナル・コンタクト・ポイント(National Contact Point: NCP)に苦情申立てができることとなった。ＮＣＰも非司法的苦情処理メカニズム(原則27)として各国で活用されている。

地域機構として、指導原則にいち早く反応したのは、ＥＵだ。２０１１年10月、欧州委員会は２０１１年から２０１４年までのＣＳＲ戦略文書を公表、ＥＵ圏内のすべての企業に対し、指導原則に即して人権尊重の責任を果たすよう期待を表明するとともに、すべての加盟国に

2012年末までに指導原則を国内で実施する国別行動計画を作成するよう求めた。

そして、2015年9月の国連サミットにおいて全会一致で採択された「持続可能な開発のための2030アジェンダ」も指導原則について言及している(パラ67)。

ILOも2017年、「多国籍企業及び社会政策に関する原則の三者宣言」を改訂し、指導原則を大幅に取り込み、企業の人権デュー・ディリジェンス責任を明記し、指導原則を各国で実践する取り組みを進めている。

こうした各機関の支持を受け、指導原則はビジネスと人権に関する最も権威ある規範として定着した。

指導原則を実践するための各種ガイダンス

指導原則採択後、様々な機関が、企業が指導原則に取り組むためのガイダンスを多数策定している。いずれも参照することが有益である。

まず、OECDは、2011年には紛争鉱物について、2016年には農産物、採取産業について、2017年には縫製・靴産業、2019年には銀行取引についてのセクター別ガイダンスを公表した。これらは人権にリスクのある、あるいは人権にとって重要なセクター別のガイダンスであり、デュー・ディリジェンスを実施するうえで参照することが必須となる。さらに２０１８年には、すべての事業者向けに「責任ある企業行動のためのＯＥＣＤデュー・ディリジェンス・ガイダンス」を公表し、企業の実践を支援した。人権デュー・ディリジェンスに取り組む企業担当者にはこのガイダンスにじっくりと目を通して学ぶことをお勧めしたい。なお、ＯＥＣＤの多国籍企業行動指針は２０２３年に改訂され、「責任ある企業行動に関する多国籍企業行動指針」と名称変更され、バリューチェーンの「下流」に対してもデュー・ディリジェンスが求められることを明記し、気候変動や生物多様性に関する国際合意に即した取り組み、テクノロジー関連でのデュー・ディリジェンスに関する規定が新たに盛り込まれたことが注目される。

欧州委員会は、２０１３年に情報通信技術、石油・ガス、人材派遣の３業種と中小企業向けのガイダンスを作成した。いずれも、欧州域内での指導原則の理解を進めるとともに、ＥＵ域外の企業に対して指導原則の履行も奨励している。

業種別ではさらに、金融機関も、指導原則を融資基準に取り入れた。世界銀行グループである国際金融公社（ＩＦＣ）は、２０１２年に環境と社会的持続可能性に関するパフォーマンス・スタンダードを改訂し、実施基準のなかで、リスクや負の影響の特定に関して指導原則を参照した。

一方、国連グローバル・コンパクトは、保護されるべき人々に着目したガイドを企業向けに発表している。２０１２年にはユニセフなど共同で、子どもの権利の尊重と支援、児童労働の撤廃への貢献、商品、サービス、マーケティング、宣伝活動が子どもの権利に合致していること等を企業に求める「子どもの権利とビジネス原則」を策定・公表した。

国連グローバル・コンパクトは２０１３年には「「先住民族の権利に関する国際連合宣言」に関するビジネス参照ガイド」を公表し、そのなかで、先住民族の権利に関する人権デュー・ディリジェンスを指導原則に従って解説するとともに、是正、苦情処理メカニズムのあり方を解説し、さらに事業に先立って、十分に情報提供をしたうえでの自由意思による同意を得るように求めている。

世界各国で、これらのガイダンス文書等を参照して、独自のガイダンスを作る動きが進んでいる。

日本では、２０２０年に国別行動計画が策定された後、経済産業省が、日本企業向けに人権デュー・ディリジェンス実施のためのわかりやすいガイドラインとして「責任あるサプライチェーン等における人権尊重のためのガイドライン」を作成・公表しており、さらに、農林水産省から「食品企業向け人権尊重の取組のための手引き」が公表されている。環境省からは、環境デュー・ディリジェンスに関するガイダンス文書が出ており、指導原則や、「責任ある企業行動のためのＯＥＣＤデュー・ディリジェンス・ガイダンス」がベースとなっている。

指導原則の意義と課題

最後に指導原則の意義と課題を確認しよう。

すでに見てきたとおり、指導原則は画期的な内容を多く含むものである。企業の人権尊重は、すべての人権に及び、かつ、すべてのバリューチェーンに及ぶ広範なものだ。指導原則に基づき、企業が自社とバリューチェーン全体を通じて人権に負の影響を与えないよう責任を負うことは、いまや国際的に確立した人権スタンダードになっている。そして、人権尊重責任の内容も、人権デュー・ディリジェンスとして明確にされた。

指導原則では国家の義務も改めて確認され、ビジネスによって個人の人権が侵害されないように防止、保護、救済をはかることが明記された。

その一方で、指導原則には限界も指摘されている。

まず、企業に対する国際人権法上の義務を確認するという、「規範案」のアプローチが採用されず、企業の人権尊重責任は社会的な責任と位置づけられたため、企業がこれを遵守しないとしても何ら制裁を科されない。企業の自発的な取り組みを促すだけで果たして十分か、という疑問は当然生まれるだろう。

次に、国家の保護する義務として、原則1は、政策、立法、規制と司法手続を通じて人権侵害を防止し、捜査し、処罰し、被害を賠償することで個人を保護していく、とするが、国家が保護すべき個人は自国の領域・管轄下にいる個人だという。

しかし、企業活動がグローバル化するなか、企業の海外での事業活動で被害にあった個人、バリューチェーンの末端で搾取などに苦しんでいる海外の被害者らも保護され、救済されるべきではないか。そうした人たちが、企業の本国の裁判所に司法救済を求めてきたとき、果たして被害者の司法へのアクセスは確保され、実効的な被害救済は確保されるのか。

こうした問題に対し、指導原則は国家による「期待表明」(原則2)以上の明確な回答を用意していない。

指導原則は、規制と企業の自発性に委ねるアプローチをうまく組み合わせること――つまり「スマートミックス」を推奨してはいるものの、どのように「上手に組み合わせる」かは各国の裁量に委ねられている。

そして、指導原則そのものは、人権侵害の被害救済や加害企業の制裁や責任を追及するような国際的なメカニズムを創設しなかった。

こうした指導原則の限界は、実は国際法の限界でもある。国際法上の義務を負うのは国家であると考えられてきたし、国際人権法上国家は原則として国内にいる個人の人権を保障すると考えられてきたからだ。

さらに指導原則にはジェンダーの視点や先住民その他マイノリティの視点が欠落しており、多国籍企業の人権侵害と同時並行で発生する環境破壊等について触れていない、企業による人権侵害の実相に十分に対応できていない、という批判もある。

こうしたことを考えると、指導原則の採択はビジネスと人権に関する国際規範の重要なマイルストーンであるが、終着点ではないことがわかる。ラギー自身、指導原則を永久に凍結し、一切の変更を認めない、という意図はない。

ソフトローは、強制力がないとしても、行為規範としての影響力を持ちうる。そして指導原則の場合、その影響力は絶大なものである。ソフトローとしての指導原則の持つ画期的な規範内容をいかに企業に遵守させ、実効的な実施を促していくか、そして遵守を確保するために、指導原則で定められた「責任」をどのようにして法的義務に発展させ、個人を人権侵害から保護していくか、さらに、ジェンダーやマイノリティ、環境保護の要請をどう指導原則の実践の中に落とし込んでいくか、という課題への取り組みは、将来に託された。事実、こうした取り組みは、指導原則採択直後から今に至るまで、休むことなく続けられている。

第3章

指導原則の世界での実施
——ソフトローからハードローへ

2023年6月1日，企業の人権・環境デュー・ディリジェンスに関する強力なEU立法の制定を求め，欧州議会の前で開催された市民集会．主宰者であるThe European Coalition for Corporate Justice（ECCJ）は，企業に人権・環境デュー・ディリジェンスを義務づけるEUの立法を実現するために結成された欧州の幅広いNGOのネットワーク組織（ECCJのウェブサイトより）．

国連ビジネスと人権に関する指導原則が採択されて、すでに10年以上が経過した。指導原則をめぐる議論は、実際に指導原則は遵守されているのか、そして指導原則の効果として世界の人々の人権状況は改善されたのか、に移っている。

指導原則は国連人権理事会において確かに全会一致で採択された。しかし、表面的に賛同しているだけで、適切な取り組みが実施されなければ、結局絵に描いた餅に終わり、企業の事業展開によって影響を受ける人々の苦境は変わらない。

本章では、指導原則の採択以降、各国や企業がどのように指導原則の実施を推進してきたのかを見ていきたい。そのなかで、ビジネスと人権に関するソフトローによる実施を超えた、ハードロー化の動きが進んでいる背景や展開を見ていこう。

1　各国による指導原則の実施

指導原則は２０１１年の採択後、多くの国と地域の賛同を受け、実施に向けて順調に滑り出したといえる。

ところが、指導原則がサプライチェーンの現場で実施されていないことは、第1章で紹介した、2013年のラナプラザ・ビル倒壊事故によって露呈してしまった。著名なファッション・ブランドを擁する多国籍企業が、指導原則13が示す企業の責任を自覚し、人権リスクを特定し、防止・軽減する人権デュー・ディリジェンスを実施していれば、犠牲は防げたかもしれなかった。事故は、採択から2年がたっても、指導原則が国境を越えるビジネスによって最も影響を受ける脆弱な人々の状況を決定的に改善できていないことを明らかにし、国際社会に多大なショックを与えた。

それまで、指導原則に関しては、企業による実施こそが中心であり、国家のイニシアティブは後見的なものだと考えられていたが、転換点が訪れたといえる。

国連人権理事会は、2014年、指導原則の効果的な実施のために、各国に国別行動計画（NAP）の策定を求める決議を採択した。国別行動計画は、各国政府が「わが国では指導原則の実施のためにこれこれの施策をいつまでに実現します」などと定めて公表し、数年で達成状況を検証して次の計画を策定していくもので、指導原則の推進のための各国政府のコミットメントを示すものだ。

一方、2015年6月、ドイツで開催されたG7エルマウ・サミット首脳宣言は、「責任あるサプライ・チェーン」という項目を掲げ、国連ビジネスと人権に関する指導原則へのコミットメントを明らかにした。

このG7首脳宣言はラナプラザ事故をふまえ、「G7諸国には、世界的なサプライ・チェーンにおいて労働者の権利、一定水準の労働条件及び環境保護を促進する重要な役割がある」「我々は、国連ビジネスと人権に関する指導原則を強く支持し、実質的な国別行動計画を策定する努力を歓迎する。我々は、国連の指導原則に沿って、民間部門が人権に関するデュー・ディリジェンスを履行することを要請する」などと明記した。首脳宣言の採択は、G7諸国がこの問題に本腰を入れて取り組む契機となり、以後、G7諸国を中心として、ビジネスと人権に関する指導原則の国内実施がより真剣に進められることになった。

情報開示ルールの進展

国別行動計画の作成に続いて、指導原則の内容を情報開示の面で推奨する立法が各国で提案され、多数成立した。

その先駆けは、2012年1月に施行された米国カリフォルニア州の州法である「サプライチェーン透明法」である。この法律は、企業に対し、自社のサプライチェーンにおける奴隷制や人身売買のリスクにどのように対応しているかを情報開示することを求めている。サプライチェーンを「透明化」することを通じて、消費者や関連企業に購入や取引における判断材料を提供するのが目的だ。

英国でも、２０１５年に有名な「現代奴隷法」が成立した。「現代奴隷」とは、児童労働、人身取引、強制労働その他、搾取的労働の被害にあっている人々だ。英国で活動する企業のサプライチェーン上で「現代奴隷」が酷使されているという問題意識に基づき、ＮＧＯなどの社会運動の働きかけを受けて法律が成立した。英国で活動する全世界の売上高が３６００万ポンドを超える企業に対し、現代奴隷をなくすための方針や取り組みに関する情報開示を求める法律であり、英国で活動する外国企業も対象となる。同様の現代奴隷法はオーストラリアでも制定された。

ＥＵは２０１４年、域内の従業員５００人以上の企業に対し、環境（Ｅ）、社会（Ｓ 人権を含む）、ガバナンス（Ｇ）といった非財務情報の開示を求める非財務情報開示指令を採択し、これを受けてＥＵのすべての国が人権の取り組みを含む非財務情報の開示を企業に求める法律を制定した。

２０２３年、非財務情報開示指令は、気候変動も含めた、開示義務をより明確かつ厳格にした企業サステナビリティ報告指令（ＣＳＲＤ）に置き換えられた。

2　企業による指導原則の実施

企業側の動き

産業界や政府機関、国家間組織やNGOなどの多様なステークホルダーが参加し、CSRの基準設定や監査、認証を担ってきた「マルチ・ステークホルダー・イニシアティブ」も、指導原則を取り込むようになる。指導原則採択後、これらマルチ・ステークホルダー・イニシアティブの多くが指導原則を受容し、自らの内部規範に取り入れて実施するようになった。例えば、電子機器業界のサプライチェーンについては、レスポンシブル・ビジネス・アライアンス（RBA）が労働環境の安全、環境への責任などの統一的な行動倫理的基準を定めていたが、指導原則を取り入れる改訂が行われている。

国際社会の潮流の変化

指導原則はこうして、国際社会全体が企業の人権尊重を求めるツールとして活用されるようになった。国際人権NGO、メディアが指導原則を援用して、サプライチェーン上の人権侵害を積極的に調査するようになる。それまでもスウェットショップ等の報道がなされ、CSR上好ましくないなどといった批判がなされてきたが、道義的な責任にとどまっていた。いまやサプライチェーン上の人権問題を放置する企業は、国連の定めた指導原則に違反したとして社会的批判を受け止めざるを得ず、企業は対応に追われるようになった。国連人権理事会が任命する事実調査委員会や特別報告者らが、深刻な人権侵害とビジネスの関連を調査し、報告書において人権侵害加担企業名を公表し、指導原則に基づく是正を求める例が増えた。

グラスルーツレベルでも、例えば、ラナプラザの事故を受けて、関連していた欧米の著名ブランドに対する消費者や市民の抗議行動や不買運動が広がり、ブランドは対応を迫られ、ＩＬＯが犠牲者や被害者への補償のために立ち上げた基金に相次いで資金を拠出した。その結果、事故の犠牲者や被害者に補償金が支払われた。

また、広く縫製産業では、ＮＧＯのキャンペーンに押され、サプライチェーンを通じて労働者の権利と安全な労働環境を保障するための体制整備を行い、第三者監査を実施し、どの生産工場に委託をしているのか、さらに監査の結果がどうであったかについて、消費者に情報公開する仕組みを整える企業やブランドが増えた。

欧米の消費者は自分の購入する商品がもとをたどればどこから来たのか、それが倫理的に作られたのかといった説明を求めるようになり、企業は「トレーサビリティ」(物品の流通経路を生産段階から最終消費段階あるいは廃棄段階まで追跡が可能な状態)を確保する対応を迫られるようになった。

機関投資家の動き

こうした動きに加えて、機関投資家も企業の人権に関するパフォーマンスに敏感になった。

2006年に国連機関と投資家が、機関投資家の責任ある投資を提唱する「国連責任投資原則」(Principles for Responsible Investment: PRI)を公表した。署名機関である機関投資家には、受益者のために長期的視点に立ち最大限の利益を最大限追求する義務があるとし、受託者としての役割を果たすうえで、環境上の問題(Environment)、社会の問題(Social)および企業統治の問題(Governance)(合わせてESG)が重要であるとして、ESG要素を投資の意思決定プロセスに組み込むこと、投資対象に対してESG課題の適切な開示を求めることなどを行動指針として掲げている。

世界の主要な機関投資家が署名機関になるなか、2015年には、日本の年金積立金管理運用独立行政法人(GPIF)がPRIに署名し、大きな影響をもたらした。さらに、欧州の機関投資家と国際NGOは2016年、国際的なイニシアティブである「企業人権ベンチマーク」(Corporate Human Rights Benchmark: CHRB)を結成、2017年から世界的な企業の人権に対する取り組みを評価・採点し、その結果を公表している。その評価指標は指導原則に即したもので、人権デュー・ディリジェンスの実施などが厳しく審査され、その結果は公表され、世界の機関投資家の投資判断に影響を与えている。パフォーマンスが低い企業は、世界の投資家から投資を引きあげられるリスクにさらされる。

企業はそれまで、NGOやメディア、国連などから指摘を受けても黙殺するなどしてきた。しかし、こうした態度を機関投資家から指摘されて改善を求められる、人権問題への消極的な態度を理由に株価が下がる、投資が引きあげられるなどといった脅威にさらされることになれば、無視を決め込むのは難しい。

なぜ、投資家はESGを重視するのか。リーマン・ショックは短期的な利益の追求が資本市場に重大なリスクとなることを警告した。長期的な視点に立って、環境、社会、企業統治に取り組んでいる企業こそが持続的に成長することが意識されるようになったのだ。

その背後には、持続可能な社会を志向する国際社会の流れもある。SDGs(持続可能な開発目標)は今や無視できない国際社会の共通目標となっている。気候変動により地球の未来がかつてないほど危機にさらされるなか、利己的な利潤追求では持続可能な未来がないことを、資産の長期的な運用を図るべき機関投資家は意識せざるを得ない。そして、人権は持続可能性を構成する重要な要素だ、という認識も広まったのだ。

3　ハードロー化の潮流とその背景

さらに、指導原則が基本とする「自発的アプローチ」を超えて、「規制アプローチ」を採用しようとする動きが広がっている。

第一に、各国の国内法としての規制立法の動きである。まず、指導原則が求める企業の人権尊重「責任」を、人権デュー・ディリジェンスの実施「義務」として、企業を規制・監督する動きがある。加えて、人権侵害によって作られた疑いのある産品の輸入を規制する動きもある。

第二に、ビジネスと人権に関する国際条約を制定し、各国の義務を強化し、各国に企業の規制や被害者救済の義務を負わせる動きがある。

人権デュー・ディリジェンスの実施義務

まず、指導原則の人権尊重責任を強化して、人権デュー・ディリジェンスの実施を企業に法的に義務づけようとする動きが欧州で加速した。

2017年にフランスで初めて、一定の大企業に対し、自社及び確立された取引関係に対する人権デュー・ディリジェンスの実施を法的に義務づける「注意義務法」が制定・施行された。

２０２１年にはドイツで、一定規模の企業に対し、人権と環境に関するデュー・ディリジェンスを義務づける「サプライチェーン・デュー・ディリジェンス法」が制定された（２０２３年施行）。いずれも、現地で活動する一定規模の外国企業にも規制が及ぶ。また２０２１年にはノルウェーでも人権デュー・ディリジェンス法が成立し、従業員50人以上の企業に対し、国際人権法で保障されるすべての人権に関する、すべてのサプライチェーンを対象とする人権デュー・ディリジェンスが義務づけられた。

これ以外の欧州諸国でもデュー・ディリジェンスを法的義務化することを求める市民運動や、立法提案が活発に展開されたが、並行して欧州全体でも統一したルールづくりを求める動きが労働組合、環境団体、人権団体の垣根を超えて強く展開され、早くも２０１６年には欧州８カ国の議員が規制を提案、多くのグローバル企業からも規制が支持されるようになる。

そして、長い立法作業を経て２０２４年7月、人権と環境に関するデュー・ディリジェンスを企業に義務づける、企業サステナビリティ・デュー・ディリジェンス指令（ＣＳＤＤＤ。以下、「欧州デュー・ディリジェンス指令」「欧州指令」という）が発効した。指令採択を受けて、ＥＵ加盟27カ国でこの指令に沿った国内立法が制定され、対象企業が人権と環境に関するデュー・ディリジェンスを法的に義務づけられることになる。

この詳細な内容は5節に改めるが、一定規模の企業に人権及び環境に関するデュー・ディリジェンスの実施を義務づけ、各国が監督機関を指定して指令違反の調査を行い、義務を果たさない企業には罰則を科し、被害者の救済を確保することなどが求められている。

輸入規制

一方、紛争や現代奴隷に関連する産品の輸入を規制しようとする法規制が、欧州と米国で進んでいる。

紛争鉱物に関しては、すでに２０１０年に米国で、特定国からの輸入を規制するドッドフランク法が制定され、ＥＵも２０１７年に紛争鉱物規制に関する規則を制定した(2017/821)。

また、米国の１９３０年関税法３０７条は、強制労働、児童労働などに依拠して生産された製品の輸入を原則禁止しているが、消費需要のある産品に関しては例外があった。２０１６年に制定された「貿易円滑化・貿易執行法」によって、この適用例外が撤廃された結果、３０７条が厳格に適用されるようになった。以後、サプライチェーン上に強制労働・児童労働が関与したと疑われた商品に対しては、税関での差し止め・没収等の取り締まりが進められている。

国際条約への動き

さらに、国連人権理事会の２０１４年の決議(26/9)に基づき、ビジネスと人権に関する国際条約を起草する、政府間作業部会のプロセスが進んでいる。ビジネスと人権に関する国際条約を求める声は、指導原則が基本とする「自発的アプローチ」への対案として、グローバル・サウスの国々と市民社会から熱烈な支持を受けて進められてきたものだ。多国籍企業の受入国では、多国籍企業の事業活動に起因する様々な人権侵害や環境汚染が発生しており、こうした企業行動を国際法で規律し、被害救済を図る必要性が共通認識となっていた。このような条約化には当初、企業の規制を嫌う欧米諸国が強く反対してきた。第2章でみた「規範案」の時と同様、多国籍企業の本国は多国籍企業に対する規制に反発し、指導原則の着実な実施こそが重要だと主張したのだ。２０１４年の国連人権理事会での条約化の提案は先進国の多くが反対か棄権をするなか、途上国中心にかろうじて多数を得た。

しかし、その後、政府間作業部会の会合で条約案の起草が進められ、現在に至っている。

起草案は、締約国に対し、自国の領域内または、管轄・管理下にあるすべての企業活動を、越境活動を行う企業も含め、効果的に規制し、人権デュー・ディリジェンスの実施を要求すること（6条）、企業の事業活動や取引関係から生じうる国内外の人権侵害に関し、民事、刑事、行政上の、包括的かつ適切な法的責任を確立すること（8条）、被害発生地のみならず企業の本拠地も被害者の提起する民事訴訟の管轄権を有すること（9条）、監督機関を設置すること（16条）を求め、条約の実施をモニタリングする実施機関を設置すること（15条）なども定めている。

先進国は、企業に人権の取り組みを義務づけることに強く反対していたが、欧州指令(CSDDD)が採択された今では、先進国の一角をなす欧州が丸ごと法規制アプローチを率先して行うことになり、事態は劇的に変化した。条約化は実現不可能な夢ではなくなったのだ。

ハードロー規制への動きの背景

こうしたハードロー化の背景に何があるのか。

率直に言えば、指導原則が基本とする企業の自発性に依拠するアプローチでは、企業が人権デュー・ディリジェンスを怠っても何の制裁もないため、企業が人権デュー・ディリジェンスを適切に実施せず、ビジネスを通じた人権侵害が一向に是正されていない。こうしたシビアな現実が世界のあちこちから報告され、到底無視できない状況になったのだ。

2018年、国連ビジネス人権作業部会は、全世界的に行った調査の結果を公表した。報告書は、欧米企業を中心とする全世界の多数の企業で、指導原則が求める水準の人権デュー・ディリジェンスが実践されておらず、その結果、労働者やコミュニティがリスクにさらされていると警告するものであった。国連作業部会は、多くの企業が人権デュー・ディリジェンスを正しく理解していないこと、直接の取引先など限られた範囲でしか対応をせず、すべてのバリューチェーンでの取り組みを求める指導原則に合致していないこと、影響を受ける人々よりも自社のリスクに焦点を当てていることなどを指摘した。

国連作業部会は、取引先に対して、「児童労働を使用していませんか？」などのチェックリストを羅列したアンケートを送って、回答を回収する企業の取り組みが流行していることについて、このような官僚主義的な確認手続き（チェックボックス）は、意味のある人権デュー・ディリジェンスではないし、実際に起きている被害救済につながっていない、と厳しい評価を行っている。

また、EUが2020年に公表した調査結果によれば、調査に回答した企業のうち、人権デュー・ディリジェンスを実施していると回答したのは約37％の企業にとどまり、そのうちすべてのバリューチェーンをカバーしているのは16％だったという。ドイツでデュー・ディリジェンス法が実現した背景にも、2019年から2020年にかけて政府が実施した調査の結果、従業員500人以上の企業のうち、人権デュー・ディリジェンスを実施した企業が10％にとどまったとの厳然たる結果がある。

さらに国際法研究者のマッコーコデールらが行った調査は、人権デュー・ディリジェンスを行っている多国籍企業の中でも、「トップダウン」で見当違いな取り組みをしている企業の傾向を可視化した。バリューチェーン全体で人権への負の影響を防止・軽減する意識が欠如し、多くの場合、コンサルタントなど外部者に業務委託したり、実効性のない監査に頼っている例が多く、被害者やライツホルダーが利用できる苦情処理手続がないケースが多いこと等が明らかになったというのだ。指導原則は取り組むべき人権課題が多岐にわたる場合、企業が優先順位をつけて課題に取り組むことを許容する。しかし、上述の調査によれば、企業の優先順位づけの判断に問題があり、深刻な人権問題が見過ごされた事案も少なくなかったという。こうした失敗事例は日本においても参考になるだろう。

人権を危機にさらされる人々

こうした状況の下、最も保護されるべき脆弱な立場の人たちの人権は危機にさらされたままだ。ラナプラザ・ビルの事故後も、縫製産業や漁業など、あらゆる場面で、労働者の搾取が世界的に問題になっている。ＩＬＯは、２００２年から２０１１年までの統計調査から、世界では約２０９０万人が、人身取引、強制労働、児童労働といった「現代奴隷」の状態に置かれ、そのうち約５５０万人が児童労働であるとしていた。これは深刻な数値であるが、２０１６年には推計４０００万人、２０２１年には推計５０００万人と増えている（うち強制・児童労働はそれぞれ約２５００万人、約２７６０万人）。リスクはむしろ増大しているようだ。

一方、国際ＮＧＯグローバル・ウィットネスによれば、２０１２年から２０２２年の10年間に、土地の権利や環境保護に取り組んでいた活動家が全世界で１９１０人も殺害され、その多くは先住民や女性だという。彼らの多くが、欧米の大企業が進める鉱山開発や採掘、熱帯雨林の伐採に反対する活動に従事していたという。指導原則が徹底していれば、こんな事態になっただろうか。

開示法制では限界がある

すでに見たように、欧州では、非財務情報開示指令に即して、企業に人権の取り組みを含む非財務情報開示を求める立法が各国で制定され、指導原則の内容を促進することが期待された。しかし、開示だけでは人権デュー・ディリジェンスの適切な実施を促進することはできなかったことになる。それはなぜか。

そもそも、現代奴隷法や、欧州の非財務情報開示指令は、「遵守せよ、さもなくば説明せよ」という立法形式を採用していた。開示をしたくない企業は、その理由を説明すればよい、とされていたのだ。また、開示に関する取り決めが緩やかであったため、非常に抽象的な開示であったり、極論すれば「何も取り組めていません」といった開示をするだけでも、企業が処罰されることはなかった。

さらにより深刻な問題は、非財務情報に関して、実態とかけ離れて素晴らしい取り組みをしているような開示を行う企業が増えたことだ。

特に、欧州できわめて大きな問題となったのが、環境に関する企業の「グリーンウォッシュ」だ。「グリーンウォッシュ」とは、実態と異なるのに、事業活動が環境に配慮しているように見せかけた開示やアピールをすることであり、環境に配慮した投資を行いたい機関投資家を混乱させ、経済全体を持続可能でない誤った方向に導くとして大問題となっている。そのため、EUでは「グリーンウォッシュ」に関連する金融商品は厳しく規制され、さらにすべての産業について「グリーンウォッシュ」を禁止・規制する規則の制定も検討されている。

人権の取り組みに関しても同様だ。企業は人権に関する開示に当たって現実離れした理想を記載する傾向があり、実態が伴わない「人権ウォッシュ」ともいうべき事態が横行したことが、様々な調査からも明らかになっている。

こうした事態を受けて、各国の開示法制は批判を浴び、見直しを迫られた。

まず、「遵守せよ、さもなくば説明せよ」ではなく、開示を義務化すること、そして、開示すべき内容を明確にして不十分で実態と異なる開示を許さない仕組みとすることである。これに加えてEUの「企業サステナビリティ報告指令」(CSRD)では、開示に当たって第三者認証を得ることが義務づけられた。

しかし、それでも、開示だけでは実際に発生している人権侵害の是正や救済には結びつかない。そこで、人権デュー・ディリジェンスの実施を義務づけることが政策的に必要とされるようになった。

被害救済は絶望的なまま

指導原則の下では、ひとたび発生した人権侵害の被害救済も多大な困難に直面していた。多国籍企業の進出先で人権侵害にあった被害者の多くは、司法救済を受けられていない。多国籍企業の本国で訴訟をしようとすると、企業側からの「管轄権がない」などの申立てを受け、訴えが門前払いされる事案が多いのだ。特に、英米法では、「フォーラム・ノン・コンヴィニエンスの法理」という理論により、被害発生地の裁判所で事件を取り扱うべきとされ、訴えが却下されることが多いのだ。

一方、被害発生地――例えば多国籍企業の受入国――の司法制度の下で、被害救済ができるかといえばそれも容易ではない。司法が腐敗していたり、裁判が長期化する、という例はよく見られる現象だ。また、裁判で争うこと自体、原告が身の危険を感じることもあるだろう。前述した環境保護活動家の殺害という出来事を見ると、危険は現実のものだということが理解いただけるかもしれない。

さらに、せっかく時間を費やして裁判所で賠償が命じられる頃には、多国籍企業は子会社も資産もすべてその国から引き揚げてしまい、判決支払いに応じず、強制執行すべき財産もない、という事例があるのだ。

例えば、米国のテキサコ石油がエクアドルの石油開発で地域住民の環境や生活基盤を汚染した事件では、1990年代に現地住民が米国の裁判所にテキサコ石油を訴えて門前払いされ、2000年代に入ってエクアドルの裁判所でテキサコ石油を合併したシェブロン石油を提訴し、賠償命令を勝ち取った。だが長期化する裁判の間に、同社は事業も資産もエクアドルから引き揚げてしまい、賠償金の支払いに応じない。シェブロン石油はエクアドルの裁判所の判決は不当なものだと様々な主張を展開して不払いを正当化しているが、では、石油開発によって生活を奪われた人々のための原状回復や被害救済の要求は、諦めるほかないのだろうか。

2021年、国連ビジネスと人権に関する作業部会は、指導原則採択から10年にあたっての声明で、指導原則が企業の間で広く普及したことは認めつつ、一方で大きな課題が残るとし、「ビジネスに関係する人権侵害は全てのセクターと地域に蔓延し、労働者、先住民を含む地域住民を危険にさらし、被害が救済される見通しはほとんどない」と危機感を明らかにした。

4 ハードロー化への道

こうした実情を踏まえて、規制に向けた国際社会全体の認識が高まった。

指導原則が定めた人権の責任を法的拘束力のある義務とすること、国家が自国企業が越境活動も含めて人権侵害に関与しないよう規制・監督すること、国境を越える人権侵害の被害者が実効的な司法救済を受け、違反企業が制裁を受けることが必要である、との認識からハードロー・アプローチが真剣に希求されることとなったのである。

国連からの相次ぐ勧告

義務化の流れを促進した動きとして注目に値するのは、国際人権条約機関の活動である。第1章で紹介したとおり、国連が採択した主要な人権条約に基づいて設置された人権条約機関は、締約国に対する定期報告書審査を行ったり、被害者からの「個人通報」を受け付けて、人権侵害の有無を審査して見解を出し、条約上の人権侵害があると判断すれば締約国に対して改善や被害救済を求めるという活動を行っている。さらに、条約が規定する人権保障の内容や、文言の解釈を明らかにするために各条文の解釈を示す「一般的意見」と称される解釈文書を定期的に公表している。

指導原則採択後、各人権条約機関は、指導原則の内容を取り入れて、人権条約上の国家の義務を解釈し直すようになった。

すでに述べたとおり、伝統的に、国家の人権に関する義務には、その国内に存在する個人の人権を尊重、保護、充足することが想定されてきた。例えば、自由権規約2条は、「この規約の各締約国は、その領域内にあり、かつ、その管轄の下にあるすべての個人に対し（略）この規約において認められる権利を尊重し及び確保することを約束する」、子どもの権利条約2条は「締約国は、その管轄の下にある児童に対し、（略）この条約に定める権利を尊重し、及び確保する」と規定し、条約の保障を受ける個人の範囲を限定している。

しかし、人権条約機関は近年、次々と適用範囲に関する解釈を拡大している。

例えば、自由権規約委員会は、生命に対する権利（6条）に関する一般的意見36で、「全て又は一部が自国領域あるいは管轄下にある他の地域で行われる活動で、自国の領域外にいる個人の生命に対する権利に直接的かつ合理的に予見可能な影響を与えるすべての活動が、6条に適合するよう確保するため、企業の責任および実効的な救済を得る被害者の権利に関する国際基準に相当の考慮を払いながら、立法その他の適当な措置をとらなければならない」との立場を明らかにしている。

また、社会権規約委員会は、国家の保護義務には、人権デュー・ディリジェンスの実施を要求する法的枠組みを採用し、救済へのアクセスを確保する積極的義務があり、締約国には自国がコントロールできる企業の活動によって領域外で生じる規約上の権利侵害の防止・救済措置を講じる義務がある、との解釈を明らかにした（一般的意見24）。同委員会は、総括所見の中でも、自国企業の領域外での人権侵害を防止・救済するために、①企業に人権デュー・ディリジェンスを義務づける法規制を導入すること、②企業のデュー・ディリジェンス実施を監視・調査し、義務違反への制裁をすること、③領域外で発生した被害に対する司法救済を確保すること、を求める勧告を相次いで出すようになった。

子どもの権利委員会、女性差別撤廃委員会も同様の厳しい勧告を締約国に行っている。

このような勧告を受けた国では、市民社会も国に対して立法等の対応を求めるようになる。そして地域を超えたグローバルな市民運動が、指導原則上の企業の責任を超えて、企業に人権尊重の法的義務を課す法規制を求める声を上げるようになった。こうしてハードローの動きは促進されていった。

一方、国連ビジネスと人権作業部会は、指導原則採択から10年の節目に公表した「次の10年に向けたロードマップ」という文書の中で、法規制の方向性を指し示し、①指導原則に基づき、②すべての国際人権分野と負の影響をカバーし、③すべてのバリューチェーンと企業の域外活動をカバーし、③開示法制を超え、④関係者との意義ある協議に基づき、⑤監督機関を設け、⑤実効性ある被害救済を備え、⑥すべての企業と国の関与するビジネスについては国も規制対象とする法規制を求めている。

レベル・プレイング・フィールド

以上のような国連人権機関からの呼びかけを受けて、欧州各国では、それぞれの市民社会が人権デュー・ディリジェンスの義務化を求めて運動を展開し、議会もこれに呼応し、ドイツ、フランス、ノルウェー等で、人権デュー・ディリジェンス義務化の法律が制定されるようになった。しかし、課題も見えてきた。各国の法制度は、対象企業の範囲や、人権デュー・ディリジェンスの内容や範囲が異なっている。ドイツは原則として直接の取引先のみがデュー・ディリジェンスの対象とされ、フランスは「確立した取引関係」があるビジネスパートナーがデュー・ディリジェンスの対象となったが、いずれも指導原則に沿わないと批判された。

また、欧州の中で異なる規制が乱立することも問題となる。欧州では、域内市場の一体性を確保するために、公正な競争条件を確保することが求められる。これは「レベル・プレイング・フィールド」と呼ばれる。一部の国に人権デュー・ディリジェンスに関する法規制が導入され、域内に分断された規制が生まれることは、競争環境を歪め、域内市場の一体化を保護するEUの目的を害する。すべての加盟国の企業が同じ土俵に立つことはEUの共通利益となる、と考えられている。

さらに言えば、人権デュー・ディリジェンス責任の実施に乗り出した企業にしてみれば、それによるコストが当然かかる。もし、同業他社が人権デュー・ディリジェンスの実施をせず、何ら制裁されないとすれば、人権の取り組みを行わない企業のほうがより良い競争条件を享受できることとなる。しかし、それはモラルハザードを生み、公正に反する。そしてグローバル展開している企業であればあるほど、国によって異なる規制やルールに操業地ごとに対応するのは煩雑で、欧州、あるいはグローバルで一貫した規制や基準が導入されたほうがかえって予測可能でよりよい競争条件を確保できる、ということになるのだ。こうした理由から、規制にあれほど消極的であった多国籍企業が、規制の推進役に転じることになった。

気候訴訟――司法判断を通じて確認された、指導原則に基づく企業の義務

さらに、裁判所が、指導原則に基づく企業の「責任」をもはや「義務」であると判断する動きが起きた。気候変動の危機を打開しようと、世界各地で市民団体が気候変動への対応を政府や企業に求める「気候訴訟」を続々と提起してきたが、オランダのハーグ地裁は2021年5月26日、非常に画期的な判決を出したのだ。

ロイヤル・ダッチ・シェル(現・シェル)に対し、グループおよびバリューチェーン全体で対2019年比で実質45%以上のCO_2排出量の削減を2030年までに行うよう命じたのだ。

シェル・グループのバリューチェーンは、スコープ1(自社グループ)、2(調達先)、3(1、2以外のバリューチェーン)に分けられ、スコープ1ではシェル・グループによる直接的な排出、ス

コープ2ではすべての調達先を通じた間接的な排出、スコープ3では、グループの事業活動の結果生じる、消費者を含む第三者による温室効果ガスの排出がある。

ハーグ地裁は、そのすべてのスコープにおいて、CO_2排出量を対2019年比で実質45％削減するよう命じたのだ。

オランダ民法には、黙示的な注意義務に違反した者には、不法行為責任が発生するという規定がある。裁判所は、黙示的な注意義務の解釈において、指導原則を参照し、注意義務の一環として企業には人権尊重の義務があり、直接、間接のすべての調達と供給を含むバリューチェーン全体で人権を守る義務があるとした。そして、産業革命前の平均気温からの上昇が1・5度を超える気候変動は、欧州人権条約等によって保障される生命の権利を侵害する結果を生むものであり、それを回避するために、企業はバリューチェーン全体で対2019年比で実質45％削減する義務がある、と判断したのである。ソフトローである指導原則の人権尊重責任が、民法の「注意義務」の解釈を通して、「義務」に転化する、との判断は画期的である。多くの国の民法は、オランダ民法と類似した規定を有しているはずだからだ。

シェル・グループはこれを不服として争っているが、この判断は、バリューチェーン全体での人権尊重は義務である、と確認した点でも、スコープ1〜3の排出削減義務を確認した点でも、きわめて重要な判断であり、世界各国の企業と政府に大きな影響を与え、欧州の規制にも多大な影響を与えた。

5　欧州デュー・ディリジェンス指令（CSDDD）とその影響力

今後の規制に大きな影響をもたらす欧州デュー・ディリジェンス指令を見てみよう。

デュー・ディリジェンス実施義務

まず、規制対象となる企業は、一定規模の大企業に限定され、適用範囲は、①EU域内企業の場合、従業員1000人超かつ世界での年間純売上高が4億5000万ユーロを超える企業、②EU域外の企業の場合、EU域内での年間純売上高が4億5000万ユーロを超える企業、さらに③EU域内でのフランチャイズ／ライセンス契約の対価が、年2250万ユーロを超え、かつ世界での年間純売上高が8000万ユーロを超える企業も対象となっており、規制は段階的に施行される。非常に限定された大企業のみが対象となっている。

企業がデュー・ディリジェンス義務を実施すべき取引関係の範囲は、「上流」といわれる供給に関しては原材料調達までのすべて、「下流」といわれる流通ラインに関しては、自社の製品の販売、輸送及び保管に関連するビジネスパートナーの活動のみとなった（3条1（g））。そして、金融セクターについては、デュー・ディリジェンス義務を実施すべき取引関係の範囲は、「上流」のみとさらに限定された。

指令5条は、EU加盟国は企業が人権及び環境に対するリスクに基づくデュー・ディリジェンスを実施するよう確保しなければならないと定める。指令が求めるデュー・ディリジェンスの内容は、指導原則よりさらに厳しくなっている。まず、①自社の方針・リスク管理システムにデュー・ディリジェンスを組み込むこと(7条)、②現実のまたは、潜在的な負の影響の特定及び評価(8条、9条)、③現実の負の影響を防止・軽減する措置(10条)として、負の影響を防止するためのアクションプラン(行動計画)の策定と実施、取引先への対応等が規定されている。

これに加え、指導原則にはない、負の影響の根絶(11条)も求められている。

そして、④被害に対する賠償(12条)、⑤ステークホルダーとの協議(13条)、⑥関係者にアクセス可能な通報メカニズムと苦情申立手続を確立・維持すること(14条)、⑦実効性を監視すること(15条)、⑧取り組みに関する情報公開(16条)が義務づけられる。

さらに、22条は、気候変動対応を企業に義務づける。対象企業が最善の努力により、平均気温上昇を1・5度に抑制するための気候変動緩和移行計画を採用し、実施を確保することを義務づけている。この計画は、パリ協定及び2050年までのネットゼロ(第1章参照)の達成を推進する欧州気候規則(2021/1119)に即して、科学的証拠に基づく5年ごとの目標を設定し、スコープ1、2、3の温室効果ガス排出削減目標を明確にすることが求められる。

こうした企業による義務の履行を確保するために、指令は加盟国の監督調査権限を明確に規定している。

加盟国は、指令の実施に関する監督機関を指定しなければならないとされ(24条)、監督機関は調査権限を有し、自らの判断または被害者やNGOなど第三者からの通報を受けて、企業の指令違反を調査する権限があるとされ、監督機関が企業の指令違反行為を特定した場合は、期間を定めて是正のための行動を求めることができると規定した(25条)。さらに加盟国は義務に違反した企業には罰金等の制裁を課すことができるとされる(27条)。

このような強い監督機関の設置はデュー・ディリジェンス義務の実効的な実施を担保する制度として注目に値する。

さらに29条では、10条、11条に基づく被害の防止・根絶のための適切な措置を講じなかった結果、個人または法人が被害を被った場合、企業の民事賠償責任を確保するよう求めている。

指令の意義と波及効果

指令はこのように、指導原則をハードロー化し、最も影響力のある多国籍企業に自社の活動のみならず国内外の取引関係も含むデュー・ディリジェンスの法的義務を課すことに成功した。

実効的なデュー・ディリジェンスの実施を確保するために、監督メカニズムを設置し、義務違反の結果として発生した被害について、領域外の被害者も含めて司法救済の道を開き、民事責任を確立した点で、前進と評価できる。また、デュー・ディリジェンス義務がより明確に規定されたことも重要だ。

一方、適用企業が一部の大企業に限定されたこと、デュー・ディリジェンス義務を実施すべき取引関係の範囲が「下流」では限定的なものとなったことは、2024年時点での欧州政治の妥協の結果という説明以外は難しい。

ただし、この欧州指令は最低ラインであり、各国がこの内容を上回る国内法を制定することは何ら妨げられない。

欧州各国の市民社会や労働組合は、デュー・ディリジェンスを義務とする法制化を求める幅広い社会運動を長年展開してきた。こうした声や国連作業部会の要請、さらに人権条約機関等の勧告が反映され、指令の内容を上回る規制立法が各国で実現することが予想される。

指令は、域外企業を明確に規制対象としており、今後各国で制定される規制立法を通して、欧州で活動する日本企業を含む域外企業がデュー・ディリジェンス義務化立法の適用を受ける可能性がある。その結果、国境を越えてビジネスをする多国籍企業の多くが欧州の法規制にあわせて自社ルールを全面的に改定する可能性がある。また、指令は、適用企業に対し、取引先にも人権・環境に関する行動規範の遵守や、アクションプランの実施を求めており、欧州企業と取引関係のある世界中のグローバル企業が対応を迫られる。その結果、ＥＵのルールにグローバルな社内規則を適合させ、グローバルレベルでデュー・ディリジェンスを実施する動きが進むことは必至だ。

すでにＥＵは２０１５年に「万人のための貿易戦略」を決定・公表し、通商交渉における透明性の向上、持続可能な開発と人権、グッド・ガバナンス等の実現を明確に規定した。以後、貿易交渉、貿易協定締結に関連し、人権状況の改善が交渉テーブルに上がり、製造過程における人権、労働基準の遵守や環境保護について、貿易相手国に対しＥＵと同等の保障を要求し、関連企業に対し責任ある行動を呼びかけ、実施を迫っている。ＣＳＤＤＤと同等のデュー・ディリジェンスの実施を、ＥＵが貿易相手国に求めていくことが予想される。

ＣＳＤＤＤ以外の人権に関わる重要な規制

ＥＵは、ＣＳＤＤＤ以外にも近年、ビジネスと人権に関連する、とりわけリスクの高い分野について、重要な規制を続々と成立させている。

以下はいずれもＥＵの規則であり、指令と異なり、ＥＵ域内企業及び一定の域外企業に直接に適用され、各国国内法の制定を待つことなく直接義務が課される。ＣＳＤＤＤと併せて参照が必要となる。

・木材・森林

ＥＵ「木材規則」(２０１０年発効・２０１３年適用開始)は木材関連事業者に対し、違法に伐採された木材をＥＵ市場に供給することを禁止するとともに、違法伐採のリスクを評価し、リスクを軽減するデュー・ディリジェンスの実施と体制構築を義務づけている。さらに、２０２３年、森林の破壊と劣化を防ぐための新たな規制、「森林破壊防止規則」が発効した(中小企業を除き、２０２４年12月30日から適用開始)。この規則は、木材のほか、パーム油、コーヒー、カカオ、牛、大豆、天然ゴムとその派生品などの品目を輸入・供給する事業者に対し、デュー・ディリジェンスを実施した上で、対象品目が森林破壊によって開発された農地で生産されていない旨の宣言書を加盟国当局に事前に提出することを求めている。

・紛争鉱物

「紛争鉱物資源に関する規則」(２０１７年発効)が２０２１年１月１日から適用を開始した。紛争鉱物資源とされるスズ、タンタル、タングステン、金鉱石や金属について、「紛争地域および高リスク地域」(コンゴ民主共和国とその周辺国)から調達するＥＵの精錬事業者や輸入事業者に対し、調達する鉱物資源が紛争や人権侵害を助長していないことを確認するデュー・ディリジェンスの実施を義務づけている。

・デジタル規制

「デジタルサービス法」（２０２２年発効）が２０２４年２月17日から全面適用された。インターネット利用者の人権と安全保護を目的に、ＳＮＳ、オンラインプラットフォーム事業者等のサービス提供者に法的規制と監督を及ぼす規則である。オンラインプラットフォームを含むホスティングサービス事業者は、アクセスしやすい通報窓口の設置（16条）とともに、社内に利用者向けの苦情処理制度を設置すること（20条）を義務づけられた。サービス利用者は、裁判外紛争解決システムを選択することも認められる（21条）。また事業者は、16条の通報への対処にあたり、「信頼できる警告者」の訴えを優先し、通報を遅滞なく処理すべきとされる（22条）。特に巨大プラットフォーム事業者と検索エンジン事業者は、人権侵害等のリスクアセスメント、リスク軽減、報告書の公表、独立監査等の厳格な義務を負い、ＥＵ当局の監督に服するとされている。

・ＡＩ規制

２０２４年５月21日、生成ＡＩを含む包括的なＡＩの規制であるＥＵの「ＡＩ規制法」が成立し、２０２４年８月１日に施行された（本格適要は２０２６年８月）。世界で初めてのＡＩ規制であり、ＡＩが社会に及ぼすリスクに応じてＡＩシステムを４段階に分類して関連事業者（開発提供者、ユーザー、輸入業者、販売業者等）を広く規制した。容認できないリスクのあるＡＩ利用は禁止し、高リスクなＡＩ利用には厳格な要件を課す。一定のリスクのあるＡＩ利用に関しても透明性確保の義務を課し、生成ＡＩの基盤提供者にも基盤モデルの登録を義務づけた。民間で禁止されるＡＩ使用は、ソーシャルスコアリング、政治・宗教・思想・性的指向・人種などの特性を利用した生体分類システムの運用、インターネット・監視カメラからの無差別の顔画像の収集などである。高リスクの分類には、求人の募集・採用、応募者の分析・評価へのＡＩ使用などが含まれ、人間の目による監視が求められ、適合性評価手続きの義務化等の厳しい規制が課される。域外事業者も適用対象となり、日本企業もＥＵ市場にアクセスする以上はＡＩ規制法が適用される。

なお、ＡＩ規制の動きはＥＵを超えて広がっている。２０２４年3月11日、国連総会はＡＩに関する総会決議(A/78/L. 49)を採択、すべての加盟国とステークホルダーに対して、国際人権法を遵守した運用が不可能あるいは人権の享受に過度のリスクをもたらすＡＩの使用を抑制・中止すること、リスク管理と監視、あらゆる差別、偏見、誤用、その他の危害からの個人の保護、透明性、予測可能性、信頼性等を含む、安全・安心で信頼できるＡＩ使用のための規制・ガバナンスのアプローチや枠組みを構築するよう求めている。そして、２０２４年9月には、欧州評議会が、人工知能と人権、民主主義、法の支配に関する枠組み条約を採択した。

・強制労働

欧州委員会は２０２４年４月23日、強制労働・児童労働によって生産された製品のＥＵ域内における流通及び輸出入を禁止することを可能にする規則案を採択した。同規則案は今後、ＥＵ理事会による採択を経て施行される見込みである。ＥＵ当局は、ＩＬＯや国連等から提供された独立した検証可能な情報に基づき、データベースを構築する。ＥＵ域外のサプライチェーン上に強制労働の疑いのある製品については、ＥＵ当局が調査の先頭に立つという。

アニュ・ブラッドフォードは、ＥＵの規制が市場を通じてＥＵ域外の市場参加者と規制者双方に波及する現象を「ブリュッセル効果」と定義しているが（ブラッドフォード 2022）、ＣＳＤＤＤや一連の規則はまさにそうした効果が予想される。

今後の課題と日本

欧州を基点として展開されるハードロー化の動きと対照的に、日本では目立った規制の動きはない。日本では、２０２０年に指導原則を実施するための国別行動計画（ＮＡＰ）ができ、経済産業省のガイドラインが２０２２年につくられたまま、規制に向けた動きは足踏み状態となっているのだ。

しかし、世界の流れは自発的アプローチを超えた法規制に不可逆的に向かっている。そして、ＥＵにおける規制の動きに日本が影響されることは必至だ。欧州で活動する一定規模の企業には、人権・環境のデュー・ディリジェンス実施義務が課されることになる。また、EU域内企業と取引関係のある企業も契約関係を通して、人権・環境の尊重を迫られていくことになるだろう。

何より、EUの経験から日本は学ぶ必要がある。

次章では、日本企業が抱えるビジネスと人権をめぐる深刻な問題を見ていくが、企業による指導原則の実施は不十分であり、実施している企業においても、表面的な取り組みが多く、日本のビジネスによって影響を受ける人々の人権を危険にさらし続けている。

もはや、企業の自発性に任せるアプローチでは実効性のある人権保障は難しい。指導原則が求める人権尊重責任の実施と、現実のギャップを埋めるために、日本においても自発的アプローチを超えた規制が必要になっている。

一方、欧州の規制動向は、手放しで称賛できるものではない。欧州指令でデュー・ディリジェンスの義務を課される対象企業が非常に限定され、義務を負う範囲も、指導原則が求めるバリューチェーン全体での人権尊重責任に比べて限定されることになった。これは指導原則の後退という側面がある。

重要なことは、欧州の規制の結果として、指導原則自体が効力を失うわけではなく、依然として有効だ、ということだ。指導原則は、世界各国の支持を得て、すでに国際人権基準としての地位を獲得している。

今後のハードローの発展は、義務の範囲と内容をどこまで指導原則に即したものとすることができるか、そして、それを実効的に実施する仕組みを構築できるか、にかかっているといえる。そしてハードローの帰趨を決するのは究極的には主権者である各国の国民である。ソフトローとしての指導原則と、各国や国際社会で進むハードロー化を、規範の発展の両輪としてとらえ、より人権が尊重されるルール形成を推進していくことが求められている。

第 4 章

日本企業が直面する人権課題

2023 年夏，国連人権理事会が選任した「国連ビジネスと人権作業部会」が訪日調査を実施．日本記者クラブでの報告会見の模様(アマナイメージズ提供)．

本章では、日本が直面するビジネスと人権の課題を考えていこう。

第1章でグローバルに問われるビジネスと人権の課題を概観したが、日本にとっても他人事ではない。日本企業の事業活動は国内外の深刻な人権課題につながっている。

世界の市民社会や国連機関、各国当局は、日本のビジネスが関わる人権課題を取り上げ、問題視してきた。また、2023年夏、国連ビジネスと人権作業部会が訪日調査を行い、その最終報告書を2024年夏の国連人権理事会に提出し、日本のビジネスが抱える人権問題を包括的に明らかにしている。こうした国連報告で示された課題を含め、日本のビジネスが抱える人権課題を俯瞰して見ていきたい。

1 グローバル・サプライチェーン問題

第1章で世界の製造業のグローバル・サプライチェーン問題を紹介した。ラナプラザ・ビルで発生したようなことは、欧米諸国と開発途上国の間の搾取構造と思うかもしれない。しかし、日本企業も無縁ではない。

国連ビジネスと人権作業部会の２０２４年の最終報告書には、「少数民族であるウイグル人の強制労働に関連する事業や、マラウイのタバコ農園における強制労働を目的とした、子どもを含む人身売買など、日本のサプライチェーン上の強制労働に関連するリスク」が言及されている（国連作業部会最終報告書パラグラフ80、以下では「パラ」と表記して紹介していく）。

また、最終報告書には、日本が２０２３年に、児童労働を含む現代奴隷制のリスクがあるサプライチェーンからの輸入を通じた取引規模において、世界第2位であったことも指摘されている（Walk Free 2023, ILO 2023）。私たちは現代奴隷や、サプライチェーン上の労働環境の問題に知らず知らずのうちに深く関わっているのだ。

海外の委託先工場での人権侵害

２０１４年、香港の人権団体ＳＡＣＯＭは、ヒューマンライツ・ナウ（ＨＲＮ）などと協力し、ユニクロの中国の委託先工場の潜入調査を実施した。この調査では、中国在住の調査員が、実際に労働者として数カ月工場で働きながら工場の写真を撮影し、労働者のインタビュー等の調査を行っている。現地から届いたレポートは想像以上のひどさだった。

月１１９時間もの長時間の残業、低賃金などが確認された。それだけではない。エアコンのない工場内の室温は37〜38度と暑く、失神する者もいたという。

長時間働く労働者は「まるで地獄だ」と訴えたそうだ。

また、人体に有害な化学物質が無造作に置かれ、工場内は化学物質の悪臭が漂い、有害物質から労働者の健康を保護する措置も講じられていなかった。ユニクロが求める厳しい品質に満たない製品を作ってしまった場合、委託先工場は罰金を労働者の賃金から差し引いた。こうした様々な問題があるにもかかわらず、労働者の利益を真に代表するような労働組合が存在しない、という問題もあった(SACOM 2015)。2015年1月、SACOMとHRNなどはこの調査報告書を公表して東京で会見、会見の様子はNHKをはじめ大々的に報道され、ネット上でも話題になった。ユニクロを運営するファーストリテイリング社はこの調査結果を概ね認め、取引先の労働環境の改善に努めると約束した。

しかし、2015年2月にHRNがカンボジアを訪れ、現地の労働組合を通じて日本のサプライチェーンの問題について調査したところ、やはりファーストリテイリング社のGUの製品を作っている工場の労働者たちが名乗り出た。そこで労働者が訴えた労働環境は、中国の委託先工場と酷似しており、問題の深刻さを痛感した。

ユニクロはその後、サプライチェーン問題への取り組みを強化していったが、後に詳述するとおり、中国ウイグル自治区において少数民族を強制労働に従事させている企業との取引関係も指摘され、米国が衣料品の輸入を差し止める事態に至った。

ただし、ユニクロは氷山の一角に過ぎない。2016年、HRNは、ワコール、ミキハウスという日本のファッション・ブランド2社が生産を委託していたミャンマーのサプライヤー工場の労働者からもSOSを受けて聞き取り調査を行った結果、長時間残業の強要、女性労働者の保護の欠如等の訴えを受けた。2社は概ね事実関係を認め、指導原則に沿った対応を開始した。2018年にHRNは、カンボジアで、アシックス、プーマ、ナイキ等のスポーツウェアを製造する工場でも、女性労働者が失神・卒倒を繰り返す問題を取り上げ、再発防止と労働環境改善を求めた。なぜ、労働者が卒倒するのか。高温多湿な環境で長時間働かされ続け、低賃金で栄養のある食べ物を食べることができず、常時疲弊しているからだと労働者は訴えていた。カンボジアにあるアシックスのサプライヤー工場をめぐっては、2024年にも労働組合活動を理由にリーダーが弾圧されているとの訴えが国際NGOから提起されている。

さらに、こうした著名ブランドの陰で、十分な対策をしていない企業は山ほどある。日本では一部の先進企業や問題を指摘された企業以外では欧米並みの対策が進んでいない。HRNは2018年にアパレル上位62社の人権対応を調査したが、サプライチェーンも含めた十分な人権対応を行っている企業はグローバル化した著名ブランドなど一部にとどまった(HRN 2018)。

開発・違法伐採による森林破壊

アジアにはマレーシア、インドネシア等、豊かな熱帯雨林があるが、どんどん破壊されている。森林伐採やパーム油等のためのプランテーションを開発するために、先住民は先祖伝来の土地から追い出され、生物多様性は失われ、温暖化の原因にもなっている。森林伐採や土地の接収は、地域住民の自発的同意を得ないで行われることがしばしば報告されている。こうして地域住民の権利を踏みにじって得られた木材の多くは日本に輸入されていた。

日本の木材の多くは、マレーシアのサラワク州というところから輸入されてきた。サラワク州には豊富な熱帯雨林があり、先住民族はその森と共に生きてきた。森林伐採は、政府の導入したライセンス制度によって規制されているが、森林伐採を行う地元企業と州政府の癒着や汚職を背景として、先住民の権利を無視したライセンスが発行されたり、違法伐採が放置される状況が続き、木材は日本に輸出され続けた(HRN 2016)。国際NGOグローバル・ウィットネスの調査によれば、2021年の東京オリンピックの会場とされた新国立競技場の建設現場でもサラワク州の木材が使用されたという(Global Witness 2015)。オリンピックに先立ち、「サラワク州の先住民から盗まれた木材を日本で受け入れないでほしい」と当時の安倍晋三首相に先住民代表が手紙を書いて要請したこともある。しかし、サラワク州の悪質な企業だけでは違法に伐採された木材を日本に輸出できない。日本でニーズがあり、日本に取引相手として商社や建設会社がいるから、先住民の権利を侵害する違法伐採は続いてしまった。問題に対応するために、2017年に「クリーンウッド法」（合法伐採木材等の流通及び利用の促進に関する法律）が施行された。2025年には規制を強化した改正法がようやく施行される見通しだが、環境・人権への配慮は規制対象から外れている。

また、パーム油は、アブラヤシからとれる植物油で、シャンプーやリンス、アイスクリーム、スナック菓子など、日本で私たちが買う商品にもとても多く使用されている。しかしアブラヤシのプランテーションをつくるために、広範な森林が破壊され、地元の住民が立ち退きを余儀なくされており、プランテーションでの児童労働なども深刻な問題だ。もちろん日本企業は無縁ではない。私たちの消費が、人権侵害とつながっているのだ。

食品のサプライチェーンと労働問題

食品のサプライチェーンでは、児童労働や過酷な労働、栽培地確保のための先住民族の迫害や土地の接収、食品加工工場での移民の劣悪な労働慣行、漁船での奴隷的労働などが問題になっている。

日本に輸入されるカカオ、紅茶、鶏肉、シーフードなどの労働環境は常に問題となってきた。しかし、多くの場合、総合商社が介在して、サプライチェーンがブラックボックス化し、どこから調達しているかわかりにくい状況だ。

特に懸念されるのがシーフードだ。２０１９年から２０２０年にかけて、中国の水産会社が運営するマグロ漁船で、10〜20代のインドネシア人の乗組員ら10人が過酷な「奴隷労働」の末に命を落としたことが問題になった。そのマグロは少なくとも一部が日本に水揚げされたという。

ＨＲＮは韓国のＮＧＯと共同で、２０２１〜２０２２年、クロマグロ等を漁獲する韓国籍の遠洋漁船で働いていた移民労働者74人への聞き取り調査を実施した。

その結果、多くの労働者がパスポート没収、虐待・暴力、１日14時間以上の勤務を経験し、83％が１年以上陸に戻ることができなかったことが判明した。日本は、１９６１年以来、世界トップ５の水産物消費国で、寿司や刺身として消費されるクロマグロは、世界の漁獲量の80％以上を日本が消費する。私たちの食べ物と奴隷労働は直結しているのだ。こうした「海の奴隷」に対し、日本の総合商社や食品関連企業は、対策を行っているというが、抜本的な改善は見られない。

国際的なプラットフォームであるKnowTheChainは、２０２０年に日本の食品・飲料産業に対する強制労働リスクを警告するレポートを発表した。レポートは、消費者に身近なイオン、ファミリーマート、明治、セブン＆アイ、サントリー、ヤクルトの取り組みを審査し、強制労働リスクを防ぐための最低限の対応しか行っておらず、開示の取り組みも不十分だと批判した。それから4年以上が経過し、改善が進んでいるだろうか。もっと積極的な役割を期待したい。

権威主義国家でのビジネス

東南アジアの多民族国家のミャンマーは長年、軍事独裁国家だったが、2015年にアウンサンスーチー氏率いる政党・国民民主連盟(NLD)が政権をとって民主化したといわれ、これを機に日本からも多くの企業が進出した。

ところが、国軍は、民主化後も、それまでと同様に少数民族への迫害を続けていた。ラカイン州の「ロヒンギャ」族、カチン州の「カチン」族などは国軍から虐殺や迫害をされ、とりわけラカイン州のロヒンギャ住民への虐殺は、「ジェノサイド」と指摘されるほど大規模かつ深刻であり、隣国バングラデシュに100万人以上が避難した。2020年1月、国際司法裁判所は、ラカイン州での虐殺行為に関し、ジェノサイドを防止するよう仮保全措置命令をミャンマーに出している。

こうしたなか、軍と日本企業の関係が、国際的な批判の対象となった。2019年8月、国連人権理事会の指名した国際的な独立調査団は、ミャンマー国軍と企業に関する報告書を発表。軍と深い関わりを持つ「軍系企業」に投資したり、提携ビジネスを展開する海外の企業を名指しで報告書にリストアップし、軍とつながるビジネスから手を引くことを提言したのだ。

名指しされた日本企業にキリンホールディングス(以下、「キリン」)がある。同社は、ミャンマーに進出し、国軍と関係のあるMEHL社との合弁事業を進めてきたことを理由に国連報告書に名指しされたが、ビジネス関係を断ち切らなかった。

2021年2月、国軍はついにクーデターを起こし、民主化を求める若者や市民を全土で虐殺し、拘束し、暴力と恐怖支配は全土におよんだ。軍の残虐行為が可視化されるなか、血塗られたビジネスをこれ以上続け、軍の資金源となり続けるか、日本企業の動向が改めて注目されるようになった。キリンは世界で有数の政府系投資機関である「ノルウェー年金基金」から「監視対象」に指定された。「監視対象」に指定された企業は動向を監視され、改善がなければ投資を引き上げる検討が進められることになる。2023年、キリンは大幅な減損を出してミャンマーから撤退した。

しかし、軍とつながっている企業は、キリンだけではない。現地団体の調査によれば、ミャンマー軍系企業と関係したり、人権侵害に関係していた日本企業として、東芝、小松製作所、TASAKI、KDDI、住友商事などの名前が挙がっている。また、JBIC(国際協力銀行)が関与するヤンゴンの巨大開発プロジェクト「Yコンプレックス事業」には、東京建物、フジタ、ホテルオークラ、みずほ銀行、三井住友銀行などが参加しているが、国際NGOやミヤンマーのＮＧＯが、このプロジェクトに関連して軍に直接資金提供がされている、と指摘している。

新疆ウイグル自治区問題

中国の新疆ウイグル自治区では少数派のイスラム教徒に対する中国政府の支配と迫害が近年強化され、再教育収容所に１００万人以上が収容され、非人道的な取り扱いを受けているとされる。２０２２年８月に公表された国連人権高等弁務官の調査報告書では、「人道に対する罪」に該当する行為が行われている可能性が指摘されている。

一方、オーストラリア戦略政策研究所（ＡＳＰＩ）は２０２０年、中国国内で新疆からウイグル人の労働力を受け入れた27の工場で82の著名なグローバル企業の製品が製造されていたことが判明した、とする調査報告書を世界に向けて公表した。日本企業でも、ユニクロや無印良品、ソニー、三菱電機、日立製作所、任天堂、東芝、シャープ、パナソニックなど少なくとも12の企業がウイグルの強制労働と関連していることが判明したという。

しかし、ウイグル自治区との関連が問われた際に、これら企業のＮＧＯに対するレスポンスは曖昧なものだった。

２０２１年１月、米国税関当局は、新疆ウイグル自治区で生産されたコットンで製造された可能性があるとして、ユニクロの衣料品の米国への輸入を差し止めたことを明らかにした。第3章で紹介したとおり、米国では、強制労働で作られた製品の輸入を規制する法律が制定されているのだ。さらに同年7月、米国議会は新疆ウイグル自治区からすべての産品輸入を原則的に禁止する「ウイグル強制労働防止法」を全会一致で可決している。また、同じく2021年7月、フランス当局が、新疆ウイグル自治区での強制労働疑惑をめぐり、人道に対する罪の隠匿の疑いで、ユニクロのフランス法人を含む衣料品・スポーツ靴大手4社の捜査を始めたことが報じられた。

ウイグル自治区との関連は、強制労働だけではない。ウイグル自治区では、町のいたるところに監視カメラが設置され、住民の動向が監視されているという。そこで使用されている「ハイクビジョン」製の監視カメラには、日本のメーカーの部品が組み込まれている。

武力紛争に関わるビジネス

2023年10月以降、ガザ地区でのイスラエル軍による攻撃が続き、罪のない民間人の犠牲が拡大している。発端は10月7日のハマスによる民間人襲撃だったが、その後のイスラエルの反応は明らかに「自衛」の域を超えている。2024年末までにすでに4万人以上の人が犠牲となり、子どもの犠牲者も1万人を超えるとされる。

２０２４年1月に国際司法裁判所（ＩＣＪ）は、ジェノサイドを防止するよう仮保全措置命令をイスラエルに出しており、11月にはイスラエルとハマスに対する戦争犯罪及び人道に対する罪の容疑で、国際刑事裁判所（ＩＣＣ）が双方の指導者に対する逮捕状を発布した。

ところが、そのイスラエル軍に装備品を提供するイスラエル企業と提携している日本企業もある。とりわけ重大なのは、ＥＳＧ投資の推進を唱うＧＰＩＦがイスラエル軍需企業大手に巨額の投資をしていることだ。

問題はガザだけではない。東エルサレムとヨルダン川西岸地区の長きにわたる占領や入植は、国際法に違反する違法な行為であり、パレスチナ人への系統的な差別的な取り扱いは、南アフリカで黒人に対して行われた差別政策「アパルトヘイト」と同視しうる、との見解が国連の人権機関では繰り返し指摘されてきた。ＩＣＪは２０２４年7月に勧告的意見を出し、イスラエルによるパレスチナ占領は国際法上違法であり、違法な占領を早急に終わらせ、新たな入植を認めないよう勧告し、世界各国にも違法な占領を容認しないよう勧告した。イスラエルで事業を行う日本企業でこの問題と無縁な企業はない。ヨルダン川西岸地区の入植地にはイスラエル企業の多くが展開しており、日本企業がイスラエル企業と連携する場合、入植地で事業を行うイスラエル企業と連携することは避けられない。国際キャンペーンが運営する「誰が占領地から利益を得ているか？」というウェブサイトを見ると、日立建機、トヨタ、ソニー、三菱自動車の4社の日本企業が人権侵害や家屋破壊を行っている軍や当局と深い取引関係にあると指摘されている。今後パレスチナでの人権侵害と日本企業の関係はさらに国際的に注目されていくだろう。

武力紛争、あるいは抑圧体制による人権侵害は、特に深刻であり、戦争犯罪、人道に対する罪、ジェノサイドという最も重大な国際犯罪を伴う可能性がある。ずるずると取引関係を継続することは、国際犯罪を構成する重大な人権侵害への加担とみなされ、国際社会において強い批判にさらされ、法的な制裁を受ける危険もある。

国連ビジネスと人権作業部会は、「多くの場合、日本企業や国有企業がミャンマーやロシア連邦を含む紛争影響地域でどの程度活動をしているかを明らかにすることは困難」であり、なぜなら「これらの企業は通常、商業上の守秘義務を理由に事業取引に関する情報を完全に開示しないためだ」として問題視し、武力紛争下では強化された人権デュー・ディリジェンスを実施しなければならないのに、それが実施されているか否かも不明だと批判する(パラ79)。日本では、武力紛争下、あるいは抑圧国家での人権侵害の深刻さに対する認識が十分でないため、対応を誤って関係を断ち切れず、国際社会から強い批判を受けている。事態の深刻さを十分に認識し、行動する必要がある。

2　日本国内で起きている人権侵害

人権問題は決して海外から持ち込まれる問題ではなく、私たちの社会の中にも多くの人権問題がある。しかし、日本国内の人権問題には、正当な関心も尊重も向けられていない。国連ビジネスと人権作業部会の訪問で厳しく問われたのは、まさに日本社会の足元における人権課題だった。重要なことは、国連作業部会の最終報告書で指摘された多くの課題は、すでに被害者が声を上げてきたにもかかわらず顧みられてこなかった問題だ、ということだ。以下では国連作業部会の最終報告書を紹介しながら日本の課題を掘り下げたい。

「リスクにさらされたグループ」

国連ビジネスと人権作業部会最終報告書は、女性、ＬＧＢＴＱＩ＋、障害者、先住民族、被差別部落出身者を含むマイノリティ・グループ、子どもと高齢者などを「リスクにさらされたグループ」として焦点をあて（パラ28以下）、「リスクにさらされたグループに対する不平等と差別の構造の完全な解体が急務だ」（パラ84）と強調している。

その問題の本質は何か。国連作業部会は、「一方で労働市場におけるダイバーシティとインクルージョンの欠如」「他方では職場や社会全般における差別、ハラスメント及び暴力の蔓延」だと指摘する。そして、「雇用機会、公正な賃金及び生計を立てるための所得を得る能力において、これらのグループに継続的な格差があることは、構造的不平等、職場での差別、そして貧困や社会的排除を含む、関連する問題と密接に結びついている」と鋭く指摘する（パラ29）。

女性

国連作業部会の最終報告書が「リスクにさらされたグループ」の筆頭に挙げているのは、女性である。国連作業部会は、「日本のジェンダーギャップ指数のランキングが2023年時点で146カ国中125位と低い」としたうえで、「なかなか縮まらない日本における男女賃金格差は憂慮すべき事実」だとし、「女性の正社員労働者の所得は、男性の正社員労働者の所得の75・7％にすぎない」と指摘する。女性は補助的な仕事や、有期雇用、パートタイムなどの非正規雇用に従事することが多く、非正規労働者全体の68・2％を占め、非正規の男性との間でも賃金格差があると指摘する（パラ30）。

最終報告書はまた、マイノリティ女性の置かれた深刻な実情にも光を当てた。女性の平均年収が約300万円であるのに対し、被差別部落出身女性は約200万円、アイヌ女性は150万円に満たない収入しか得られていない、特に、在日コリアンの女性は、就業の機会が少ないと指摘している（パラ31）。

さらに、２０３０年までに女性役員比率を30％に引き上げる経団連の目標にもかかわらず、女性の幹部比率は15・5％にすぎず、「憂慮すべきセクシュアル・ハラスメント」が報告されており、「リーダーシップと意思決定における性別の多様性」が必要だ、と国連作業部会は指摘する（パラ32）。

多様性の欠如の中で起きた象徴的出来事は、東京オリンピック・パラリンピック組織委員会会長だった森喜朗氏が、「女性がたくさん入っている会議は時間がかかる」「うちの女性理事はわきまえている」などと発言し、参加者が笑っていたという出来事である。これと地続きの光景は多くの企業や団体で今も繰り広げられており、女性に対する無意識の偏見（アンコンシャス・バイアス）に基づく日常的な人格権侵害（マイクロアグレッション）は日常的に女性たちの心を折っている。

２０２２年4月、牛丼チェーン「吉野家」の常務は、「田舎から出てきたばかりの生娘をシャブ漬けにする」マーケティング戦略について発言し、辞任に追い込まれた。こうした発言が表面化するのは、日常的に企業内でこうした発言が横行していることを推認させる。このような差別的な発想が、女性が声を上げにくい会議室で今日も再生産され、差別的な炎上広告を生み出して、性差別的なジェンダー規範を社会に固定化する役割を果たしているのではないだろうか。働く女性を侮蔑的に取り扱ったとして炎上したルミネ（２０１５年）や資生堂（２０１６年）のＣＭ、女性のワンオペ育児を肯定的に取り上げたユニ・チャーム（２０１７年）等、女性差別的な炎上広告は後を絶たない。

このようにみると、日本の企業とジェンダーを取り巻く現状は、バリューチェーン全体で悪循環が発生しているといえる。第一に、女性の管理職比率は極端に低く、賃金格差やハラスメントが労働分野の男女共同参画を阻害している。第二に、企業の意思決定過程から女性が排除され、声を上げにくい環境のなか、企業の商品開発、生産、マーケティング、広告など様々なプロセスが男性視点で貫かれる。第三に、差別的なマーケティングや広告が公然と社会に流布され、性差別的なジェンダー規範を社会に固定化する役割を果たしているのだ。

性暴力とセクシュアル・ハラスメント

２０２３年に社会問題化したジャニーズ性加害問題は、日本の主要企業が深刻な性暴力を隠蔽してきたことを明らかにしたが、これは日本の企業文化が生む性暴力や性差別の氷山の一角に過ぎない。２０１６年の独立法人労働政策研究・研修機構の調査では22歳から44歳の女性の約３割がセクシュアル・ハラスメントの被害を経験しているが、その63％は我慢して泣き寝入りだったという。また、厚労省が２０２０年から２０２２年までに就職活動やインターンシップを経験した学生１０００人にアンケート調査をした結果、セクシュアル・ハラスメントを受けた人は30％以上だったという。さらに、女性起業家に対するセクシュアル・ハラスメントや性加害が深刻であることも明らかになっている。

１９９７年に男女雇用機会均等法（以下、「均等法」）にセクシュアル・ハラスメントに対する雇用主の配慮義務が規定され、その後「措置義務」になったが、セクシュアル・ハラスメントを禁止する規定は未だに整備されず、あくまで企業内で従業員が守られるに過ぎない。企業は均等法に基づき、セクハラの方針策定と周知徹底、防止や相談指導の整備などの義務を負っているが、形式的に相談窓口や通報窓口を整えてもほとんど機能していない、信用できない、という話ばかりを聞く。しかも、委託事業者、起業家、フリーランス、取引先、就活生、インターン、取材者などといった社外の弱い立場の人は、この均等法によって保護されない。

そして、バリューチェーンの末端で最も弱い立場の女性労働者（非正規雇用や技能実習生など）への差別・性暴力・搾取・貧困化の実情は、きわめて深刻であるにもかかわらず、ほとんど光が当たっていない。

ＬＧＢＴＱＩ＋

リスクにさらされたグループには、ＬＧＢＴＱＩ＋も含まれる。企業や自治体による様々なポジティブな取り組みにもかかわらず、ＬＧＢＴＱＩ＋の人々は依然として差別や偏見に直面している。国連作業部会は「トランスジェンダーの求職者に対して、戸籍上の名前の開示や、性別移行前の写真を求める職場慣行」を指摘した(パラ34)。

事実、２０１９年の調査によれば、トランスジェンダーの求職者の90％が、リクルートスーツの着用を義務づけられたり、履歴書に性別記載を求められるなどの慣行が根強く残っているために、就職活動で困難に直面したという。加えて、ＬＧＢＴＱＩ＋コミュニティを標的としたヘイトスピーチをめぐる問題が、特にインターネット上で顕著だ、と国連作業部会は指摘した。

障害者・高齢者

国連作業部会は、日本の喫緊の課題の一つが、労働市場と労働力における障害者の包摂であるとし、障害者の職場差別や低賃金労働について報告を受けたという。

国連作業部会は、２０２２年の1年間で、企業で働いている間などに、虐待を受けた障害者は４０００人を超えると指摘する。厚労省の２０２２年度の集計によれば、障害者福祉施設従事者らによる虐待が４１０４件、事業所での虐待が１２３０件に上るという。

また、国連作業部会は、より手厚い支援を必要とする人々に対して提供されているパーソナルアシスタンス制度は、通勤中や勤務中の障害者が利用できないため、就業へのアクセスを妨げていると指摘する。さらに雇用以外の場面でも、「乳幼児連れの旅行が拒否されたり、家主が障害者に対して賃貸したがらないために不動産業者に拒絶されたりといった差別的な行為」があるとし、特に女性の障害者が深刻な差別に直面していると指摘する（以上、パラ36〜39）。

一方、高齢者の就業人口は増え、２０２２年に70歳以上の人を雇用した日本の企業は39％に上るが、65歳以上の労働者のうち70％以上が非正規雇用で、賃金が減額され、業務上の死傷者の約４分の１が60歳以上の労働者だ、と国連作業部会は指摘する（パラ51）。

マイノリティ・グループと先住民族

国連作業部会は日本の様々なマイノリティ・グループへの差別についても強く懸念し、「差別を禁止する適切な規制や法律がなければ、被害者が苦情を申し立てたり、救済を受けることが極めて困難」だと強調している（パラ48）。

まず、在日コリアン・在日中国人労働者に対する差別やヘイトスピーチの問題がある。差別やハラスメントを受け続けている在日コリアン労働者の多くは、日本語を母国語とする在日３世（またはそれ以上）だ。２０１６年には「本邦外出身者に対する不当な差別的言動の解消に向けた取組の推進に関する法律」（ヘイトスピーチ解消法）が成立・施行されたが、実際にはヘイトスピーチは社会に溢れている。国連作業部会は、職場で差別的な取り扱いを受けた人のうち、25%が外国人であることを理由に雇用を拒否され、19・6%が日本人よりも低い賃金を受け取っており、12・8%が日本人よりも劣悪な労働条件のもとで働いている、という2017年の法務省調査を紹介している(パラ44)。

また、被差別部落出身者に対する差別が、「被差別部落出身者が労働市場にアクセスし、平等な雇用機会を享受する可能性に深刻な影響を与えて」いると指摘する。2016年に「部落差別の解消の推進に関する法律」が制定されたものの、職場での差別とヘイトスピーチといった差別のパターンが依然としてあることに国連作業部会は懸念を表明した(パラ45、46)。

日本における先住民族であるアイヌを取り巻く課題も深刻だ。日本政府はアイヌを先住民族と認めており、2019年には「アイヌ施策推進法」が制定された。しかし、国連作業部会は、アイヌの人々に対するヘイトスピーチが深刻であると指摘する。また、大型風力発電所の建設などの再生可能エネルギー関連のプロジェクトやリゾート開発事業のために、国有林がアイヌの人々の同意なしに企業に貸し出されているとの訴えが寄せられたことなどを指摘し、国連「先住民族の権利宣言」が求める「自由意思による、事前の、十分な情報に基づく同意(FPIC)」が得られておらず、アイヌの人々の権利に悪影響を及ぼすことに懸念を表明した(パラ42、43)。

ところで、アイヌについては、政治家による差別的言動が放置されていることも指摘しなければならない。自民党の杉田水脈《みお》前衆議院議員は２０１６年、自身のブログで、国連女性差別撤廃委員会にＮＧＯとして参加したマイノリティ女性の写真を無断で投稿し、「チマチョゴリやアイヌの民族衣装のコスプレおばさんまで登場」などと書き、その後撤回した。アイヌの女性が札幌法務局に人権救済の申立てをしたことを受け、札幌法務局が「人権侵犯の事実があった」と認定し、人権を尊重するよう杉田氏に求めたが、杉田氏は「差別はない」とＳＮＳや動画で反論、アイヌ関連予算について「公金チューチュー」などとレッテル貼りをした。その影響を受けて、被害を申告したアイヌ女性がさらなるヘイトスピーチにさらされた。政府や政権与党は被害者を守っていない。この事例は、差別とヘイトスピーチが横行する背景に、国や政府が差別と闘う役割を果たしていないこと、公人の差別的言動が容認され、社会の差別意識を助長する役割を果たしていること、法務省の法務局だけでは実効的な人権侵害の救済ができず、その結果、声を上げる被害者が困難に直面する、という日本における差別の構造的課題を顕在化させている。

子ども

国連作業部会は、日本国内とバリューチェーンにおける児童労働に関する懸念についての報告を受けたとし、日本が法的枠組みとして児童労働を定義していないこと、政府は児童労働撲滅に向けた行動計画を策定していないことを問題視し、子どもの権利を尊重・支援するマーケティングや広告を推奨した(パラ49)。日本の現状は真逆であり、子どもの性を搾取するような広告が日本の公共空間のいたるところに溢れている。

子どもの搾取や性的搾取が横行するビジネス慣行の典型がジャニーズ性加害問題といえる。ジャニーズの問題が長らく「ビジネスと人権」の課題と認識されなかった背景には、日本国内の年少者への性加害を「人権問題」と認識していなかったことがある。

オンラインでの「児童ポルノビジネス」も深刻化している。児童の盗撮画像や、児童をグルーミングして自撮り画像を送信させ、それをオンライン上で売買して利益を得るビジネスである。悪質なのはもちろん行為者であるが、プラットフォームにも責任がある。

さらに、「キッズ・テク」といわれる子どもをターゲットとする有害なオンライン広告やマーケティングが子どもに深刻な影響をもたらしている。特にオンラインゲーム依存は深刻な健康障害や学力低下を引き起こしており、厚労省の調査によれば、ネット依存が疑われる中高生は約93万人(2017年)、そのうち9割がゲーム依存だという(内田 2024)。さらに子どもをターゲットとし、好奇心や脆弱性に付け込んだインターネット上の広告やマーケティングに子どもたちが無制限にさらされる結果、自己評価の低下、自殺や摂食障害、健康障害、性的搾取、薬物依存などの「負の影響」が発生していることも見過ごせない。LINEを利用したいじめも増え、性的動画を送信させるいじめを苦に少女が命を落とす事件も発生した。

人種差別・LGBTQI＋差別を助長するビジネス

国連作業部会最終報告書には記載されていないが、差別やいじめ、人権侵害を助長して利益を得るビジネスが日本で蔓延していることも深刻だ。

２０１０年代以降、「嫌韓本」や外国人を嘲笑するような漫画本の出版が相次ぐようになった。出版は、大手書店や流通の関与なくして成り立たないが、「表現の自由」の名のもと、こうした差別を助長する一翼を担ってきた。

２０２３年、ＫＡＤＯＫＡＷＡはトランスジェンダーに関する書籍の販売にあたり、販売促進活動として、差別を助長するようなＰＲを行い、批判を浴びて出版が停止された。出版不況のなか、人の差別心やネガティブな感情に働きかけることで販売を促進し、利益を得ようとするビジネス活動の横行は、まさにビジネスと人権の問題である。

大手化粧品会社ＤＨＣは、２０２２年に買収されるまで、自社ホームページ等で公然と在日コリアン差別を繰り返す一方、子会社のＤＨＣテレビジョン（現・虎ノ門テレビ）を通じ、「ニュース女子」「虎ノ門ニュース」などの番組を制作、２０１７年には「ニュース女子」の番組内で在日コリアン女性である辛淑玉《シンスゴ》氏を誹謗中傷した。この放送に対し、BPO放送人権委員会は人権侵害を認定、辛氏が提起した名誉毀損訴訟でDHCテレビジョンは賠償を命じられた。さらにDHCは2020年11月ごろから、公式オンラインショップのサイト上で、在日コリアンへの蔑称や差別表現を含む吉田嘉明会長名の文章を掲載していた。

ところが、関連企業が指導原則に基づいて行動を起こした形跡はない。DHCは自治体を含む様々な企業と連携していたが、関連企業がDHCの一連の発信に対し、異を唱えたり、取引を停止する行動は目立って行われなかった。一方、外資系企業は明確な態度を示した。DHCは人気キャラクター「ムーミン」とコラボしていたが、2021年8月、ムーミンの著作権を管理するフィンランドの会社 Moomin Characters Oy Ltd. は、いかなる差別も容認しない、とのポリシーから、DHCとの提携を停止したのだ。

一方、女性を性的対象としてみる出版、宣伝媒体は、日本中に溢れ、日本の「レイプカルチャー」を深刻なものにしている。レイプカルチャーとは、メディアや大衆文化において、女性に対する性暴力が一般化し容赦されているような環境をいう。それは、女性の権利や安全を軽視する社会を作り出し、あらゆる女性に脅威を与える現象だ(ソルニット 2018)。

その典型事例は、2018年に雑誌『週刊SPA!』が特集した「ヤレる女子大学生ランキング」である。女性を性的な対象としてのみ扱う女性蔑視に貫かれ、性暴力を助長しかねない内容に、約５万筆の抗議署名が短期間に集まった。しかし、その後も女性を性的対象とする表現媒体や啓発ポスター、啓発キャラクターは後を絶たないし、電車の中吊り広告には、女性を性的な被写体とする男性雑誌の広告が公然と掲載されてきた。２０２２年、国連の女性機関であるUN Womenは、日本経済新聞が朝刊に全面広告で女子高生を性的に描いたイラストを掲載したことへの抗議文を送っている。こうした問題は起きては消え、抗議した女性がバッシングされて終わる社会風潮がある。男性側が見て楽しむ快楽の自由と、作り手の表現の自由ばかりが議論の中心に置かれ、企業がレイプカルチャーを助長し、女性や少女の人権に負の影響を与えているという側面が無視されていることは深刻な問題である。

オンライン上の人権侵害

ＩＴ産業は、メディアと並んで広範な人々にリーチし、巨大な影響力を有するが、深刻な人権侵害を生み出している。

オンライン空間、とりわけＳＮＳ上のヘイトスピーチについて、国連作業部会は繰り返し問題を指摘している。事実、ネット空間には、差別的で有害な言説が溢れており、在日コリアン、トランスジェンダー、障害者へのヘイトスピーチも深刻だ。ＳＮＳ上の誹謗中傷を原因として自死に追い詰められる著名人は後を絶たないし、伊藤詩織さんやジャニーズ性加害の当事者ら、権利のために声を上げた人へのきわめて深刻なバッシングは、人々が理不尽な現実に対し声を上げ、社会に連帯を作りあげ、社会を前進させることを深刻に阻み、若い世代の希望を奪っている。特に責任が大きいのは、グーグル、アップル、フェイスブック、アマゾン(GAFA)やXのような外資系のIT大手であるが、日本企業も問題がないわけではない。ヤフーニュースのコメントは、誹謗中傷で溢れることがしばしばある。「ユーザーがやっていることで私たちは関係ない」では済まされない。自社のプラットフォームを経由して発生した誹謗中傷やヘイトスピーチは、事業活動によって発生する人権の「負の影響」を社会と個人にもたらしている。さらに、オンライン上での性的画像の拡散や、ディープフェイクポルノ、アスリートの盗撮画像の拡散は、女性の尊厳を深く傷つける「デジタル性暴力」と呼ばれ、深刻化している。

3 特に憂慮される課題や悪影響

国連ビジネスと人権作業部会最終報告書は、日本企業の健康・環境への取り組み、労働、メディアとエンターテインメント産業の問題について、特に深刻な課題があると指摘する。

労働者の権利

報告書は、労働者の権利侵害に関し、労働組合活動への弾圧（パラ65）、長時間労働（パラ67）、移住労働者と技能実習制度（パラ68～72）の問題を指摘している。

最も深刻な問題として、技能実習制度がある。主に東南アジア地域から日本に来て製造業、建設業、農業など様々な現場で働く技能実習生に対し、本国の送出機関から要求される高い手数料、実習実施者の最低賃金法違反、残業代不払い、深夜残業の強要、性加害、労災隠し、強制帰国等の人権侵害が横行し、日本における「現代奴隷」といわれてきた。

２０２３年、職場から「失踪」した技能実習生は、過去最多の９７００人に上るとされる。転籍の自由がない制度のもと、人権侵害や搾取などを受けた技能実習生は追い詰められて「失踪」するしかなく、重大な問題だ。女性の実習生に対する性暴力やセクシュアル・ハラスメント、望まない妊娠と出産も続発しており、国連人権機関からも相次いで是正勧告を受けた。

米国国務省の２０２２年報告書は、①技能実習制度における労働搾取、②目的に反して、技能の育成のない仕事に従事させている、③不明瞭な「手数料」の送出機関への支払い、④移動・通信の制限、パスポート等の取り上げ、強制送還や家族に危害を及ぼすといった脅迫、身体的暴力、劣悪な生活環境、賃金の強制積み立て、⑤仕事を辞めると在留資格を喪失するため、労働搾取目的や性的搾取目的の人身取引の被害者になる者もおり、送出機関から高額な違約金を請求される、⑥劣悪な労働環境から逃れてきた技能実習生を、当局が逮捕したり、強制送還することがあり、人身取引の被害者として保護されない、⑦加害者への不処罰、軽い処罰、を問題にしている。最新の2024年の国務省報告書も、技能実習生が意に反する労働を強いられる背景として、送出機関による高額な手数料の問題があり、日本政府が効果的に対応できていないと厳しく指摘している。

実習生が直接雇用されているのは中小零細の製造業、建設業、農業等であるが、バリューチェーンの頂点にいるのは、名だたる大企業である。2017年、筆者のもとに、日本のアパレル大手企業の国内サプライヤー工場での技能実習生問題に関する相談がたて続けに入った。1件は、労基署に相談をした九州の技能実習生が強制帰国させられ、もう1件は、四国の技能実習生が山奥の工場で、連日深夜残業をさせられ、窓から飛び降りて脱走し、組合に保護されたという事案だった。

その後、セシルマクビー、今治タオルなどといったブランドについても、サプライヤー工場の技能実習生が「奴隷」のように働かされていたという特集番組がメディアで続々と報道され、ブランド企業が対応に追われた。今治タオルを製造する縫製企業に関しては、2024年にもミャンマー国籍の技能実習生6人に、実習内容と違う仕事をさせたり、在留資格を無断で変えたとの報道が出た。バリューチェーンをあぶりだすことで、構造的な搾取が明らかになったのだ。零細なサプライヤーではなく産業構造のトップこそが、指導原則の「企業の人権尊重責任」を果たすべき典型的な事案である。

ワコールがパジャマの生産を委託していた愛媛県西予市のサプライヤー工場で、2019年から2022年にかけて、月100時間超の残業が常態化し、残業代の未払いが続いていた事案を11人のベトナムの技能実習生が告発した。当該企業は約2700万円の未払い残業代を分割で払うと実習生に約束したが、その後自己破産方針を示したという。実習生を雇用する企業が残業代請求を受けて破産するのは実は典型的で、被害者は泣き寝入りを余儀なくされ、製造を委託していた企業は、何ら責任を取らない事態が常態化してきた。この件では実習生が怒りの記者会見を行い、メディアでも取り上げられたことを受けて、発注元であるワコールHDが、実習生の支援団体に500万円を寄付したという。しかし、実習生が求める未払い残業代には遠く及ばない。問題は氷山の一角だ。問題が発覚したサプライヤーだけでなく、すべてのサプライヤーについて現代奴隷をなくす取り組みが求められている。

一方、サプライチェーン上の労働環境が深刻なのは、外国人技能実習生に限らない。例えば、建設労働も、何層もの下請け構造があり、まさにサプライチェーン問題である。危険で労働環境が悪い現場も多い。

2021年に開催された東京オリンピックの選手村やスタジアム建設で従事していた労働者に国際団体が調査した結果、月28日勤務、危険な環境、雇用契約の不存在、外国人労働者の差別などが明らかになった。大会に間に合わせるために、「誤った作業手順で進められ、きわめて危険で、命がいくつあっても足りない」「現場は、せかされ、追い詰められている」などと労働者は訴えたという。それでも、労働者が不満を訴えると、その下請け企業がゼネコンから切られ、仕事を失うため、声を上げにくい状況があったという。

また、猛暑の灼熱のなか働く作業員の安全具についても、下請けごとに支給されるものが異なっていて、作業現場で統一された労働者保護がなされていない問題も確認された。

東京オリンピック大会は、「持続可能性に配慮した調達コード」を採用しており、建設労働の人権侵害に対処する苦情処理窓口が設けられていた。しかし、報復を恐れて自分の身元を明かせない労働者に代わって労働組合が申立てをしたところ、本人ではないという理由で却下された。苦情処理窓口が労働者の実情を踏まえず、労組からの通報を拒絶するのは問題だ。

多くの指摘を受け、ゼネコン大手等では、人権方針を定め、人権デュー・ディリジェンスのプロセスを開始した企業もあるようだ。

長時間労働とハラスメント

長時間労働に基づく「過労死」「過労自殺」は今も日本で後を絶たない深刻な人権問題だ。

２０１２年から２０１９年まで実施された「ブラック企業大賞」は、「①労働法やその他の法令に抵触し、またはその可能性があるグレーゾーンな条件での労働を、意図的・恣意的に従業員に強いている企業、②パワーハラスメントなどの暴力的強制を常套手段として従業員に強いる体質を持つ企業や法人」を選出してきたが、居酒屋チェーン、牛丼チェーン、コンビニ大手のほか、自動車、電機、鉄道、損保、銀行、通信、広告等、日本の著名企業が受賞した。広告大手の電通は労働基準法違反で２０１７年には罰金刑を受けている。

近年の企業不祥事として、スルガ銀行の不正融資、中古車販売大手ビッグモーターの保険金不正請求は記憶に新しいが、いずれも、不正行為の暴走の陰に悪しき企業風土、すなわち売り上げ至上主義と異論を許さないパワハラ体質があったことが指摘されている。人権侵害は、放置すれば会社自体の存立を危うくするといえる。両社には膨大な数の取引先があるが、関連企業は「見て見ぬふり」をしてきたのではないか、という点も重大である。

非正規雇用、フリーランス

１９９０年代の労働法制の規制緩和以降、大量の非正規労働者が生まれ、正規と非正規の格差は拡大した。２０２２年の就業構造基本調査によると、男性は正規雇用が２３４０万人(63・9％)に対し、非正規が６６４万人(18・1％)、女性は正規１２７２万人(42・0％)に対し非正規が１４４７万人(47・8％)とされる。フリーランス人口は４００万人を超え、フリーランスを主たる業務とする人は209万人だという。雇用形態間賃金格差(正社員・正職員＝100)は、男女計67・5(男性70・0、女性72・0)ときわめて格差が大きい。そして、女性の非正規雇用の平均月収は20万円を切っている。

労働契約法は、有期契約の社員が5年間会社で働いた場合、無期雇用に転換できるルールを置くが、これを渋る企業もある。外資系のパタゴニアが、5年直前で雇い止めをして問題となっている。同社は、持続可能で環境や人権に配慮した企業として世界で信頼されてきたので、このような対応は驚きと失望をもって受けとめられた。

フリーランスで働く人の状況はさらに深刻だ。例えばヤマト運輸、アマゾン、ウーバーイーツ等の配達員は個人事業主とされ、労働者としての保護を受けていない。ヤマト運輸は2023年、配送を委託していた配送員約3万の大量削減を一方的に発表し、批判を浴びている。2023年10月、怪我をしたアマゾンの配達員が初めて労働者と認定され、労災が認められた。この判断は配送員の実態が労働者に近いことを示唆するものだ。しかし、アマゾン配達員も不当な委託切りにあっている。不当な低賃金、労災の保障もなく、不当解雇からの保護もないのが現状である。

アニメ業界で働く人々も、フリーランスが多く、過度な長時間労働、不公正な請負関係が蔓延している。日本アニメフィルム文化連盟(NAFCA)によると、業界に従事する人の半数が月225時間以上の長時間労働を強いられる一方、平均賃金は東京都の最低賃金に満たない1111円であるという。業界で働くアニメーターの約7割がフリーランスであり、報酬は月給ではなく出来高で支払われ、その単価は200円だ、とNAFCAのアニメーターは語る（NAFCA 2024）。

国連作業部会は、アニメ制作現場の現状を問題視しており、アニメ制作会社や業界全体が責任を果たすよう求めている（パラ73）。

AV出演強要問題

女性に対する深刻な暴力であるAV（アダルトビデオ）出演強要などの被害事例もサプライチェーン問題である。多くの場合、被害者はスカウトに騙されて、AVプロダクションに所属させられ、AVプロダクションからは「出演を断れば高額の違約金を課す」などと脅され、メーカーに派遣されて意に反するAV出演に追い詰められてきた。2014年には、意に反するAV出演を断った女性に対し、プロダクションが2460万円の違約金を請求する訴訟を提起。2015年に東京地裁が請求を棄却して以降、ようやく違約金請求は許されない、という認識が定着した。それまではまさに性奴隷労働に近い実態があったのだ。AVメーカーは「強要などあずかり知らない」という態度をとってきた。しかし、指導原則に従えば、取引連鎖の中で威嚇や強要、奴隷的慣行があれば、防止や是正、被害救済を図る責任がメーカーにはあるはずだ。

２０２２年、包括的な被害救済立法である「ＡＶ出演被害防止・救済法」が成立し、メーカーに重い責任が課されたが、これは国家が保護義務を履行した例といえるだろう。とはいえ、海外サーバーを経由した無修正動画が本人の意に反して配信されるなどの被害は続いており、海外経由のため被害救済が難しい。

しかし、海外サーバーは日本の通信大手の子会社が運営していたり、無修正のサイトを閲覧するためのユーザーの支払い方法として大手クレジットカード決済が導入されている。深刻な女性に対する人権侵害と、通信・クレジットカード大手はバリューチェーン上でつながっており、その責任も問われる必要がある。

メディアとエンターテインメント業界

日本企業のビジネスと人権に関する意識が最も厳しく問われた事例の一つは疑いなく、ジャニーズ性加害問題である。

国連ビジネスと人権作業部会は２０２３年８月４日の会見で、「ジャニーズ事務所のタレントが絡むセクシュアル・ハラスメント被害者との面談では、同社のタレント数百人が性的搾取と虐待に巻き込まれるという、深く憂慮すべき疑惑が明らかになったほか、日本のメディア企業は数十年にもわたり、この不祥事のもみ消しに加担したと伝えられている」と手厳しく批判した。２０２４年の最終報告書でも「日本のメディア企業は数十年にもわたり、この不祥事の隠ぺいに加担してきた」と批判している（パラ75）。そしてスマイルアップ社（旧・ジャニーズ事務所）による補償や再発防止策・透明性や情報公開も十分とは到底いえないことを指摘し、「早期の救済を求めている被害者のニーズに応えるには、まだ長い道のり」があると指摘した（パラ76）。

子どもに対する性暴力の場を提供し、加害行為を社長自ら行っていたジャニーズ事務所自体の問題は言語道断であるが、これは一企業の特異な問題に終わらせることができない。きわめて深刻なのは、被害者からの実名を含む告発があったのに、メディアが長きにわたり沈黙を貫いたことだ。指導原則は仮に潜在的なリスクでも対処すべきだとしている。関連企業がもっと早く、公に声を上げ、事務所に働きかけたり、業態横断の取り組みを進めていれば、防げた被害は多いはずだ。疑惑を知りながら隠蔽し、あえて取引関係を継続した関連企業も「加担」者ではないか、と指摘する国連作業部会の分析は当然だ。

２０２３年の国連作業部会の会見後の８月下旬、ジャニーズ事務所から依頼された「外部専門家による再発防止特別チーム」が調査結果を公表、多数の少年に対する性加害があったことを認定し、これを受け、事務所が会見を開いて性加害を認めた。その後の関連企業の対応は分かれ、沈黙から一転、手のひらを返したように「性加害は許されない」と声高になり、取引を停止する企業が相次ぐ一方で、漫然と「タレントに罪はない」などと取引を継続するメディア企業もあった。しかし、いずれも表面的な対応に過ぎない。まずは、なぜ「見て見ぬふり」をし、隠蔽に加担したのか、自社・業界として徹底検証し、再発防止をすべきなのに、検証を公表しているのは、一部企業にとどまる。

ジャニーズ事務所だけではない

そして、ジャニーズ事務所の問題だけに焦点化した対応をすることにも問題がある。ジャニーズ性加害問題はきわめて深刻な例だが、それでも氷山の一角に過ぎないからだ。エンターテインメント産業において、強い立場の者が、弱い立場の者の性を蹂躙する構造的な問題があることは、映画・演劇界で相次ぐ#MeTooの告発の声や、松本人志氏ら吉本芸人による性加害に関する一連の告発からも顕在化しているが、関連企業が同じ熱量で問題に取り組んでいる気配は見られない。

厚生労働省が2022年に640人の芸術・芸能従事者に対して実施した調査によれば、約20%が「必要以上に身体を触られた」「性的関係を迫られた」というセクシュアル・ハラスメントの被害にあったという。

２０２４年２月に公表された、荻上チキさんが主宰する「チキラボ」が行ったメディア・エンターテインメント従事者へのアンケート結果（回答者２５０人以上）によれば、セクハラや性暴力を経験した人が51・4％（１３１人）、性的接待を要求された経験のある人が22・7％（58人）、身体的な暴力の被害を受けた経験がある人が27・5％（70人）に上るとされ、出演にあたって性的関係を条件にされたとする赤裸々な訴えも多数が記載されており（チキラボ 2024）、どれほど性加害が業界全体に蔓延しているかがわかる。

国連作業部会は、業界における力関係の不均衡が「不処罰の文化を助長」し、「性的暴力やハラスメントを悪化させ」ているとし、「より広範なメディアやエンターテインメント業界におけるこれらの問題への取り組みは不十分なまま」だと指摘している（パラ74）。

人権が否定される芸能従事者

国連作業部会はエンターテインメント業界の深刻な人権状況そのものに深い憂慮を表明しているが、性加害に限らず、芸能従事者の地位がきわめて低く、人権が保障されていないことが問題である。

吉本芸人の性加害告発報道を契機に、お笑い番組内での人権侵害を問う声が起きはじめた。

著名な男性芸人が男性芸人をいじめたり、女性芸人の容姿を侮辱するなど、出演者をいじめて笑い物にするエンターテインメントが定着してしまっている。出演者の尊厳や人権の蹂躙の問題をはらむと同時に、子どもや社会的弱者への現実のいじめを誘発しかねず、一般社会の人権意識にも深刻な影響を与えている。

2020年には、フジテレビ系恋愛リアリティー番組「テラスハウス」に出演した木村花さんが自死する事件が発生したが、出演者の権利を軽視して炎上を煽る番組制作だったのではないか、真剣に問われる必要がある。フジテレビと制作会社が花氏を含む出演者にサインをさせていた「同意書兼誓約書」の内容は、出演者の行動の自由を著しく制約するものであるうえ、演出・編集を含む撮影方針などすべての指示・決定に従うことを誓約させ、誓約条項に違反し放送・配信が中止になった場合、1話分の平均制作費を損害の最低額とし、「これを無条件で賠償します」と誓約させる、きわめて一方的な内容だった。こうした出演者の自由を著しく制約する威嚇的な出演契約書が業界で横行しているとすれば大問題だ。

国連作業部会も、「若手タレントが、プロデューサーや広告主、事務所のあらゆる厳しい要求事項に従うことを義務付ける契約を締結するよう強要され、また契約に従わなかった場合には法外な違約金が課されることがあるという報告を受けた」と問題視している(パラ73)。

アイドルが事務所に誓約する「恋愛禁止ルール」も、個人の人権を誓約するものだ。201

3年には、このルールに反したとして、AKB48の峯岸みなみさんが坊主頭になって謝罪をしたことを機に、芸能人に人権があるかが話題となった。もちろん芸能人にも人権はある。2016年1月、東京地方裁判所は、異性との交際は「幸福を追求する自由の一内容をなすもの」として、恋愛禁止ルールに違反したとしてプロダクションがアイドルに損害賠償請求をした事件で請求を棄却している。

健康、気候変動、自然環境は人権の課題

国連作業部会最終報告書は、「健康、気候変動、自然環境」について項目を掲げ、日本の課題を指摘している。

日本は、水俣病等の公害事件が示すとおり、環境破壊は人の命や健康に影響する人権問題であると身をもって体験してきたはずだ。ところが、日本企業においては環境問題を人権課題としてとらえる問題意識が十分ではない。第3章で見てきた欧州の規制動向は、気候変動を含む環境問題が人権と不可分の関係であり、環境への権利は人権であることを当然の前提としつつあるが、日本の取り組みは周回遅れである。国連作業部会は、企業の人権尊重責任には、「クリーンで健康的かつ持続可能な環境への権利」が含まれることを強調し、注意喚起している（パラ53）。

特に気候変動問題は、地球上の人々の生活、人権、命を直撃し、待ったなしの人権問題だという意識が世界的に高まっているが、日本では危機意識が低く、産業界も依然として石炭や化石燃料に依存したビジネスから脱却できていない。国連作業部会は、日本が世界第6位の二酸化炭素排出国であり、石炭が依然として日本のエネルギーミックスの大部分を占めているとし、脱炭素への移行へのさらなる努力を呼び掛けている(パラ54)。科学的で「パリ合意」に即した気候変動対応のアクションプランの作成、そして実施が企業には求められている。

このほか、国連作業部会は、大規模開発における環境影響評価のプロセスにおいて、住民との協議が不十分だと報告を受けたと指摘し、東京都の神宮外苑再開発事業をあげ、人権への悪影響の可能性にも言及している。さらに国連作業部会は、気候変動による影響に脆弱な集団やマイノリティ・グループとの有意義な協議を、国連指導原則に即して実施する必要性を強調した(パラ57)。ビジネスが環境に悪影響を及ぼすリスクがある場合、影響を受けるステークホルダーである近隣住民と十分な協議をすることは、指導原則の本質的要請であるにもかかわらず、日本の企業行動において十分に位置づけられていないことは深刻な問題だ。

なぜか日本で話題にならないＰＦＡＳ問題の重大性

最終報告書はさらに、ＰＦＡＳ(有機フッ素化合物)による水質汚染の問題に懸念を表し、日本の対応が十分でないことにも警鐘を鳴らしている(パラ62、63)。

ここで取り上げられたＰＦＡＳとは、４７００種を超える有機フッ素化合物の総称であり、フライパンの焦げ付き防止加工や消火剤、洗剤、化粧品まで多くの日用品に使用されており、これを生産に使用する関連産業・関連企業は全国に広がっている。また、半導体の生産においては製造工程でＰＦＡＳが使用されることが多く、半導体工場周辺のＰＦＡＳ汚染が深刻な問題となっている。

発がん性や子どもへの深刻な健康被害など、ＰＦＡＳの人体への悪影響に関する理解は世界的に確立しており、欧米諸国では厳しい法規制が進んでいる。

２０１９年に日本でも公開された映画『ダーク・ウォーターズ――巨大企業が恐れた男』は、テフロン加工にともなうＰＦＡＳ汚染を引き起こしたデュポン社の工場周辺住民の健康被害がいかに深刻だったかを詳細に描いた映画であり、近隣住民が健康をむしばまれていく被害の描写には深い恐怖を覚える。デュポン社は法的責任を追及され、賠償を進めている。日本でも同じ問題がありながら大きな社会問題となっていないことには戦慄を覚える。環境省が国内の河川や地下水への含有量を調べた結果、２０２２年度は東京、大阪、沖縄など16都府県の１１１地点で国の暫定目標値を超えていたとされる。米国やＥＵではＰＦＡＳに関する規制に国が乗り出すなか、日本では規制が遅れており、このまま日本企業がＰＦＡＳに関する意識が低いまま事業活動を展開すると、国内外の環境や人の健康に深刻な影響を与えかねない。

福島原発事故関連、その他の環境課題

福島原発事故を含む原発の問題は深刻な人権問題であると同時に、ビジネスと人権の課題だ。国連作業部会の最終報告書は、福島原発事故の除染・廃炉作業に従事する労働者について、「東京電力の下請構造は5層にも及び、下層の下請業者は……極めて低い賃金しか支払われていない」、「解雇されるという報復的慣行のために安心して声を上げることができない」などの労働環境の問題、さらに「清掃・除染作業後にがん関連の病気にかかったにもかかわらず……金銭的補償も医療補助も受けられていない労働者がいる」などの重大な問題を指摘した(パラ59、60)。このような国連の報告に対し、東京電力は、把握していないと回答している模様だ。しかし、指摘を受けてすべきことは反発や否定ではない。指導原則に基づいて、人権デュー・ディリジェンスを行い、調査し、再発防止策を講じ、それを公表して説明責任を果たすことだ。

そもそも原発事故の直後に訪日調査を実施した国連「健康の権利」に関する特別報告者は、2013年に国連人権理事会に提出した最終報告書で、「原発の稼動、避難区域の指定、放射線量の限度、健康管理調査、賠償額の決定を含む原子力エネルギー政策と原子力規制の枠組み

に関する全ての側面の意思決定プロセスに、住民、特に社会的弱者が効果的に参加できることを確実にするよう」日本政府に勧告している（Grover 2013, パラ82）。しかし、政府も東京電力もこうした国連の勧告を無視し、全く履行しておらず、多くの避難者への支援を打ち切り、子どもの甲状腺がんをはじめとする深刻な健康被害への正当な補償も行っていない。

さらに、周辺住民や漁業者の反対にもかかわらず原発処理水の放出を実施していることには、国連作業部会のみならず多くの国連特別報告者が繰り返し懸念を表明している（パラ61）。一連の対応は、原発事故という未曽有の人権侵害の被害救済の要請に背く被害者切り捨てであり、新たな人権侵害も生み出している。ビジネスと人権の問題として改めて、国際的に厳しく問われる可能性がある。

4　なぜ、実効性ある取り組みができないのか

ビジネスと人権に関しては、2020年に日本で国別行動計画（NAP）ができて以降、大企業を中心に意識改革が進み、人権方針を策定する企業も増え、取り組みが進むようになってきた。

2024年の経団連の発表によれば、加盟企業を対象としたアンケートの結果、76％が指導

原則に基づく人権の取り組みを開始したという。しかし、経団連企業の現状認識と日本のビジネスの現実の間には大きなギャップがあるようだ。

まず第一に、経団連加盟企業は2024年4月時点で1542社に過ぎず、日本の企業全体から見ればごく一握りの動きだ(日本企業総数は2021年時で約368万社)。

国連ビジネスと人権作業部会は、国連指導原則と国別行動計画に対する国内での認識が、特に東京以外では一般的に欠如しているとし(パラ9)、数にして日本の企業の99・7%を占め、全雇用の70%にもなる中小企業との間に大きな認識の隔たりがあると指摘する(パラ13)。都市部の大企業だけでなく、日本全体で指導原則を普及し、取り組みを進めて深刻なギャップを埋めることが急務だ。

さらに、グローバルなレベルにおいても、日本を代表するような大企業が、企業人権ベンチマーク(CHRB)(第3章参照)やKnowTheChainのように、ビジネスと人権に関する国際的に影響力のあるランキングできわめて低評価を得ている現実がある。それはなぜか。

筆者からみると、

・人権に関する理解の決定的な欠如
・人権方針を定めるだけで、実施の仕組みがない(これは、単なる「人権ウォッシュ」になる危険が

高い）
・直接の取引先（Tier 1）を超えた取り組みがない。ましてバリューチェーンを含むデュー・ディリジェンスではない
・チェックボックス方式の表面的な人権デュー・ディリジェンス
・ステークホルダーとの意義あるエンゲージメントがない
・優先順位づけの誤り
・NGOやライツホルダーからの問題提起に向き合わない
・戦争犯罪・ジェノサイドなど、決して関与してはならない人権侵害への認識不足、国連人権機関の報告や勧告に対する認識の低さ
・十分な開示を行わない、透明性がなく、説明責任を果たさない
・苦情処理メカニズムが国際人権基準に沿ったものではない

などがあげられる。

このままでは企業の取り組みは自己満足的なものに終始し、末端で苦しんでいる人々の状況を改善する結果をもたらすことができない可能性がある。構造的な人権侵害や差別の負のスパイラルを放置すれば日本のビジネスだけでなく社会そのものが深刻な影響を免れないだろう。

そして、グローバルなレベルで、日本企業の人権に対する取り組みは総じて不十分との烙印を押され続けるだろう。では、企業はどうすればいいのか。それを次章で考えてみたい。

第5章

企業は何をすべきか

性暴力に抗議し，刑法改正等を求めるフラワーデモ．大阪市北区，2019年5月11日(望月亮一撮影．毎日新聞社提供)．

第4章で見てきたとおり、日本におけるビジネスと人権の課題はきわめて多岐にわたり深刻だ。

しかし、事態を変えるためのツールや、グローバルな社会環境も整ってきた。「ビジネスと人権に関する指導原則」が採択された今日、関連企業に忖度したり「見て見ぬふり」をするのではなく、人権尊重のルールを作って、ビジネス慣行を改善するイニシアティブをとることが奨励される時代となった。EU等の規制の流れをむしろ追い風にして、身近なところでは職場環境、さらにバリューチェーン全体を通して、人権侵害をなくし、人や環境を大切にする持続可能な活動を作り出していく好機が訪れたといえる。

企業の取り組みの出発点は指導原則だ。企業には、指導原則に基づき、バリューチェーン全体を通して、人権尊重責任を果たしていくことが求められる。どのように人権デュー・ディリジェンスを進めたらよいかについては、OECDが公表している「責任ある企業行動のためのOECDデュー・ディリジェンス・ガイダンス」、経済産業省がまとめた「責任あるサプライチェーン等における人権尊重のためのガイドライン」に詳しく書かれている。

とはいえ、第4章の最後に述べたとおり、ビジネスと人権に関する日本の取り組みは十分なものではなく、国際的に厳しい評価を受けている。特に、国連ビジネスと人権作業部会最終報告書の指摘は重く受け止められるべきだ。本章では、国連からの指摘も踏まえ、企業に求められることを指摘していきたい。

表2　企業の4つの人権問題のリスク

レピュテーション・リスク NGOやメディアから人権問題を指摘されて社会における評判が悪化する	**財務リスク** 人権問題を理由に機関投資家から投資を引き上げられたり，取引関係を解消されるなどして財務状況が悪化する
事業リスク 従業員がストライキに突入するなどして事業に支障をきたす	**法務リスク** 人権侵害を理由に訴訟を提起されたり，刑事罰を科される

1　人権の取り組みで留意すべきこと

誰のために、なぜ取り組むのか

誰のために、なぜ、人権問題に取り組むのかを経営層がしっかり議論し確認することはすべての出発点となる。

日本でビジネスと人権の取り組みを推奨する際、取り組みを怠ればレピュテーション、財務、事業、法務、という4つのリスクにさらされるといわれることがある(表2)。企業が人権の取り組みを怠ればこうしたリスクを負うという側面は確かにある。ただし、ここで掲げられたリスクはすべて企業側のリスクであり、企業の事業活動によって人権侵害を受ける人々のリスクではない。

問われるべきは、誰を向いて人権の取り組みをしているのか、ということだ。国内外を問わず、企業社会で犠牲になっている人たち、特にリスクにさらされがちな人たちにベクトルを向けた取り組みが必要とされている。

そのうえで、なぜ人を大事にすることが自社にとって本質的に重要なのか、自社の経営理念や自社が創造する価値にさかのぼって確認し、経営方針に統合する必要がある。

何が人権課題なのか

「わが社には人権問題などありませんが、サプライチェーン問題は対策をすべきだと思うに至りました」と発言する企業担当者に出会うことがある。しかし、第1章で述べたとおり、誰にでも人権が保障されるのであり、人が集まる企業において人権の影響が発生しないことはあり得ない。それが見えないということは、構造的な差別や不平等、有害な職場慣行が日常的なビジネスシーンにあまりに定着してしまい、人権の問題として受け止めていないからではないか。どんな企業にもデフォルトで人権問題があるという視点で、改めて人権の課題に向き合うべきだ。

企業の人権尊重責任は、国際的な人権基準に基づく必要がある(指導原則23)。担当者のみならず、役員研修、全社員向け研修を実施するなどして、国際的な人権基準に関する共通の理解を醸成することが必要だ。

そして、人権の取り組みは自社や直接の取引先(Tier 1)だけでなく、すべてのバリューチェーンを対象とし、よりリスクにさらされ、声を上げにくい立場の人たちの状況に目を向け、改善していく必要がある。企業の取引連鎖をさかのぼり、末端に行けば行くほど、本社で見る景色とは全く異なる脆弱な人々がいることがわかる。そうした人々の声を尊重し、問題解決に取り組む必要がある。

ライツホルダーとの実質的な協議を重視すること

実効性のある人権の取り組みを進めるためには、すべてのプロセスでステークホルダー、特にライツホルダーと協議し、意見を取り入れて進めることが重要である。

指導原則18の解説は、「ステークホルダーと直接協議することによって潜在的に影響を受けるステークホルダーの懸念を理解するように努めるべきである」とし、そのような協議が可能でない場合は、「信頼できる独立した専門家との協議など、適切な代替策を考えるべき」だとする。日本では、外部の意見を聞くとしても、有識者や専門家とのダイアローグ止まりの企業が多い。しかし、有識者は実際人権侵害を体験しているわけではなく、被害者や当事者の声の正統な代弁者といえるか、疑問符がつく場合も少なくない。

事業活動によって人権に影響を受けるライツホルダーと直接協議し、その声に依拠することが最も効果的なデュー・ディリジェンスであることは、指導原則の実践を通じて明らかになっている。

特に、リスクにさらされた人々、女性、子ども、先住民、地域住民、外国人、障害者、民族的マイノリティ、性的マイノリティ、高齢者、人権活動家らと対話を重ねる必要がある。非正規雇用労働者や個人の委託事業者とも対話をすべきだ。声の大きな一部のステークホルダーや専門家・団体との対話だけで終わらせず、より脆弱な立場の人やその代弁者の声を重視することが重要だ。国連作業部会最終報告書も、特に弱い立場にある人々との有意義なステークホルダー・ダイアローグを強化すること（パラ86（i））を勧告している。

そして、協議は、単に「聞き置く」だけでなく、双方向であるべきだ。企業側がライツホルダーの問いかけや申し入れに正面から答え、必要な情報を開示し、きちんと説明責任を果たさないと、有意義なステークホルダー・エンゲージメントにならない。

NGOや労組、住民からの指摘にどう向き合うか

人権の取り組みにあたって、NGOや労組、住民との対話が重要となるが、耳の痛い話をするNGOを遠ざける傾向は顕著にみられる。名のある国際NGOとは対話するが、ローカルな

団体は無視する企業も多いが、本末転倒だと思う。現場に近い、厳しい指摘にこそ耳を傾け、率直に対話をすることが必要だ。

人権侵害を訴えるレターや通報が、被害者、住民、NGO、労組等からきた場合、双方向のエンゲージメントを行い、改善に向けて情報を開示しつつ、真摯に問題に向き合うべきだ。

「優先順位づけ」よりも「誰一人取り残さない」全社的な取り組みを

指導原則24は、人権課題に「優先順位をつける必要がある場合、企業は、第一に最も深刻な影響または対応の遅れが是正を不可能とするような影響を防止し、軽減するよう努めるべき」と規定している。ところが、深刻度や緊急度が高い課題を、優先課題と位置づけない事例は多く見られる。もっといえば、企業が取り組む人権問題を「優先順位」で絞り込む結果、「旬なテーマ」「スポットライトを浴びる問題」が優先される一方、声を上げにくい立場の人々の課題が優先されず放置される危険が高い。

取り組みを絞り込みすぎて失敗した企業は枚挙にいとまがない。技能実習生問題を優先課題として取り組んでいた著名企業が、ジェンダー・ステレオタイプを助長するCMで炎上したり、サプライヤーの人権課題に取り組んできた企業で、トップが相次いでセクシュアル・ハラスメントの告発を受けた例がある。何より多くの日本企業は、ジャニーズ問題が世界的に問題視されるまで、ビジネスの過程での年少者への性加害を優先課題として扱ってこなかった。こうした企業が「私たちは人権尊重のために他の分野に集中して取り組んできました」と言っても弁解にならない。

人権問題はあらゆる部署で、同時並行で発生する可能性がある。だから、可能なかぎり、同時並行で取り組み、「誰一人取り残さない」ことを追求すべきだ。そのためには、「人権」の担当部署だけで問題を抱え込まないことが重要だ。経産省ガイドラインも「人権尊重の取組は、採用、調達、製造、販売等を含む企業活動全般において実施されるべき」であり、「全社的な関与が必要」と指摘する。各部署に人権に配慮する担当者を配置するなどして、人権を事業全体で主流化し、部署横断の連携会議を定期的に開催し、全社員から提言を受け付けるなどして、誰かが人権問題に気がついたら声を上げ、是正できるような体制を構築するのが望ましい。そのためにも、誰もが安心して意見を言える風通しのよい環境が必要だ。

海外の先住民や地域住民からきわめて深刻な人権侵害への関与を今すぐ止めてほしいと求められた企業が、「弊社は人権デュー・ディリジェンスを進めていますが、優先順位は別のところにあり、ご指摘の問題に取り組むとしても次のサイクル以降になります」などと回答したと聞いたことがある。しかし、目の前で深刻な人権侵害を訴えている被害者がいるのに、勝手に決めた優先順位を振りかざす対応は理解に苦しむ。こうした悪しき優先順位づけに陥ってはならないし、ライツホルダーから差し迫った指摘があれば、優先順位を検討し直すべきだ。

構造的課題への対処

日本社会全体、あるいは業界全体に根強く残っている人権に関する構造的な課題は、一社だけでは対応が難しいことが多い。業界共通の課題は、業界全体で取り組みを進めるのが効果的だ。また、多くの企業が連携し、構造的課題を解決するために政府に要請をすることも重要だ。２０２４年現在、経団連が選択的夫婦別姓の実現を国に求めているが、これはジェンダーに基づく差別の構造的な課題を是正する取り組みとして評価に値する。しかし、それだけではないだろう。包括的な差別禁止法の制定や実効性のある救済機関としての国内人権機関の設置、ＬＧＢＴＱＩ＋の差別禁止や同性婚の課題、低賃金や非正規労働者・フリーランスの差別の課題、技能実習制度（２０２４年法改正により、今後「育成就労」制度となる）の抜本的な改善、その他、国連作業部会最終報告書が日本政府に勧告した諸課題は、構造的課題として企業から国に実現を迫るイニシアティブを発揮してほしい。

2　人権デュー・ディリジェンスの取り組み

人権デュー・ディリジェンスは、これを支えるプロセスも含めると、①企業方針と経営システムへの組み込み、②負の影響の特定・評価、③負の影響を停止・防止・軽減する措置、④追跡調査、⑤伝達、さらに⑥是正の6つのステップを含む、終わりなきプロセスである（OECDデュー・ディリジェンス・ガイダンス）。第3章で紹介した欧州デュー・ディリジェンス指令（CSDDD）は、以上に加え、負の影響の除去・根絶、是正や被害賠償、苦情処理メカニズムの設置、ステークホルダー・エンゲージメントも、デュー・ディリジェンスに含まれる義務に明確に位置づけている。

人権方針の策定

指導原則ではまず、人権方針を策定し、トップコミットメントを示すことを求めている。人権の取り組みは、企業カルチャーを大きく変革するものだから、トップの明確なコミットメントは重要だ。人権方針は、他社のコピー&ペイストでは意味がない。企業ごとに事業活動がもたらす人権への影響は異なるはずであり、実態に即した人権方針を練り上げて全社的なコンセンサスにする必要がある。経産省ガイドラインには、「人権方針の策定に当たっては、まずは、自社が影響を与える可能性のある人権を把握する必要がある」「こうした検討に当たっては、社内の各部門(例：営業、人事、法務・コンプライアンス、調達、製造、経営企画、研究開発)から知見を収集することに加えて、自社業界や調達する原料・調達国の事情等に精通したステークホルダー(例：労働組合・労働者代表、NGO、使用者団体、業界団体)との対話・協議を行うことによって、より実態を反映した人権方針の策定が期待される」と記載されている。

憂慮されるのは人権方針を策定した、というだけでその実施プロセスが不明な企業が多いことだ。単に格調高い人権方針を掲げても、それを守る仕組みがなければ、絵に描いた餅に過ぎない。実際の取り組みと結びつかない人権方針を公表することは「人権ウォッシュ」にほかならない。人権方針を社内とバリューチェーンで徹底し、そのための仕組みやプロセスを明確に取り決めて実施する必要がある。

人権に関するリスクの特定と評価

人権の負の影響に関するリスクの特定と評価は、全方位で行う必要がある。

企業のバリューチェーンには、原材料調達までのすべての取引連鎖(上流といわれる)、またエンドユーザーまでのすべての取引連鎖が含まれる。

第1章や第4章で見てきたとおり、原材料調達までさかのぼると、現代奴隷や環境破壊、劣悪な労働環境、先住民の権利侵害、事業実施地や提携企業との関係では、紛争や抑圧国家への加担の問題、本社のマーケティングや広告ではステレオタイプや差別の問題、営業では、長時間労働やパワハラ、小売りや各種サービス、流通・配達では、非正規雇用と低賃金、事業全体を通じたジェンダーや性加害、気候変動への悪影響など、様々な課題があるだろう。

製造業企業のなかには、ステークホルダーごとにどのような人権リスクがあるかを調査・検討し、年に一度見直す取り組み例がある。リスクを全方位、三六〇度で見渡して特定し、公開することで、「これが抜けている」「リスクを特定しているが何をしているのか」などの社会的対話がしやすくなり、説明責任が果たされることにつながる。

典型的なリスクや商材は、経済産業省が公表している「責任あるサプライチェーン等における人権尊重のための実務参照資料」等を参照して確認することが有益だ。

金融機関と投資家の責任はとりわけ重い。

金融機関の一例として、①兵器・武器、②石炭火力発電、③一般炭採掘、④石油・ガス、⑤工業、⑥大規模水力発電、⑦木質バイオマス、⑧大規模農園、⑨パーム油、⑩木材・紙パルプ、⑪漁業・養殖に関するリスクを明確にして、具体的な対処方針を明らかにする取り組みを開始している企業がある。

機関投資家（信託銀行、年金基金、生命保険・損害保険会社、投信・投資顧問会社などからなる）は、国連責任投資原則に基づき、人権に関する明確な方針と行動が求められる。金融機関のグループで、①核兵器・化学兵器・生物兵器等の大量破壊兵器や対人地雷・クラスター弾等の非人道的な兵器の開発・製造・所持に関与する事業に原則として融資を行わない、②石炭火力発電に関するプロジェクトへの新規融資はやむを得ない場合を除き行わない、③大規模水力発電、石炭採掘、パーム油農園開発事業、石油・ガス採掘、パイプライン敷設事業、木材・紙パルプ、森林伐採事業は、特に環境に負荷がかかるため、慎重な融資をする、との投融資方針を公表しているところもあり、参考になる。

行動規範・調達コードをつくる

人権方針に基づいて自社が事業活動を通じて守るべき行動規範や調達コードなどを策定し、その遵守を取引先にも求め、遵守を確保することが求められる。

行動規範にはどんな内容を盛り込むべきか。英国のＮＧＯ、倫理的貿易協会が提唱した製造業サプライチェーンにおいて遵守されるべき基本規程が、労働者保護に関する最低限の要求事項として参考になる。

①強制労働・児童労働を使用しない　②差別を行わない　③結社の自由と団体交渉の尊重　④安全で衛生的な労働環境　⑤生活賃金の保障　⑥常用雇用の提供　⑦労働時間が長すぎない　⑧非人道的で過酷な取り扱いを行わない

こうした要求事項は、私たちの足元でも守られていない。「現代奴隷」や差別の課題があることに加え、多くの人が低賃金、不安定就労、長時間労働に苦しんでおり、これは「生活賃金の保障」「常用雇用の提供」「労働時間が長すぎない」ことの対極にあることを自覚すべきだ。以上に加えて、性暴力とハラスメントを許さないことはどんな職場でも明確にされるべきだ。これらの要求事項に具体的にどう対応するかはこのあと詳しく見ていく。

さらに、商社やメーカー、小売業などでは、パーム油、木材、水産物、天然ゴム、カカオ、鉱物など、リスクの高い商材ごとに調達コードをつくるとともに、それを実行する仕組みを確立し、バリューチェーンを通じて守られるように、研修や能力開発等の対応を進めることが求められる。

サプライヤーとの契約書のなかに、人権方針やこれらの条項を盛り込み、サプライヤーに遵守状況の情報共有を求め、もし違反がある場合は遅滞なく情報を共有すること、違反が疑われる場合などには協力して調査を行い、ともに是正を進めることなどを双方で合意することが推奨される。こうした条項が二次以下のサプライヤーにも連鎖的に導入されるような定め（フローダウン条項と呼ばれる）をすることも考えられる。ただし、サプライチェーン上の人権課題をサプライヤーに責任転嫁するべきではない。双方が責任を負って協力して対処すべきであるし、契約条項にもその点を明確にすべきだ。サプライヤーが中小企業の場合は研修や能力開発だけでなく、財政支援をするのが適切な場合もありうる。

トレーサビリティとサプライヤーの公開

バリューチェーン全体での人権尊重の取り組みの出発点として、バリューチェーン全体を把握する必要がある。原材料調達までの追跡可能性（トレーサビリティ）を確実にすることは大前提である。パーム油であればアブラヤシ農園、カカオであればカカオ農園、魚であれば船舶やそのオーナー、衣服であれば工場の連鎖と原材料調達までのすべての追跡ができるようにすること、そして、その取引連鎖を公開することが求められる。

カカオ、パーム油、魚、木材、鉱物等は、トレーサビリティを明らかにする動きが国際的に進められている。縫製産業では、NGOの強い要望を受けて、著名ブランドがサプライヤー工場のリストを公開するなどして透明性を高め、説明責任を果たそうとしている。しかし、サプライチェーンをさかのぼって公開することが重要なのは、こうした産品に限らない。この点、特に日本では、多くの商材を商社が手掛けており、商社を通じた取引連鎖のほとんどが公表されていないため、調達経路がブラックボックス化している。そして、商社自身がどこまでトレーサビリティに取り組んでいるかも明らかではない。この点は日本企業の大きな課題といえる。

企業からは「トレーサビリティの確保が困難だ」という声を聞く。しかし、人権侵害の被害者が取引連鎖をさかのぼることはさらに困難だ。例えば、自分の住んでいた森を追い出され、プランテーションをつくられてしまった被害住民は、そのプランテーションがどの外国企業とつながり、商品がどこに輸入されているのかを知る由もなく、仮に日本企業が関わっていても不服申立てすらできない。バリューチェーンの頂点、あるいはそれに近い地位にある商社やメーカーには、原材料調達までさかのぼって調べる力や資源が被害者とは比べものにならないくらいにある。欧州では、前述した欧州指令(CSDDD)が、原材料調達までのデュー・ディリジェンスを対象企業に義務づけるようになった。これを機にトレーサビリティを確立し、透明性の確保に本気で取り組むことが求められる。

「適切な措置」とは?

指導原則19は、「負の影響を防止・軽減する措置」を掲げている。負の影響を防止するために、もっとも効果的な解決策は現場が一番よく知っているはずだ。ステークホルダー、特に実際に人権侵害やそのリスクに苦しんでいる人と協議をするなかで、ベストソリューションを探して実行することが必要になる。

そして、人権に対する負の影響が確認できた場合はただちに調査し、負の影響の原因となったり助長した事業活動を確実に停止して影響力を除去し、必要な被害救済等の措置を講じ、将来にわたって負の影響が繰り返されないような再発防止の計画を策定し、実施することになる。そして、その実効性は不断に検証され、改善されるべきだ(原則19、20)。

構造的な課題の場合は、徹底した調査のために第三者委員会による調査も検討すべきだ。CSDDDが明確にしたとおり、根絶、是正や被害賠償も含めた施策が求められる。

サプライヤー等の取引先で人権への負の影響が確認できた場合、事態への関心を示し、影響力を行使して事態を改善させる必要がある。悪しき人権慣行を改善するには外部からの働きかけが決定的に重要であり、親会社、投資家、金融機関、取引先が影響力に応じた役割を果たすことが強く求められる。１社では難しい場合、ほかの関連企業と連携し、集団で対応に当たることが効果的だ(集団エンゲージメント)。

バリューチェーンへの対応――チェックボックス方式を脱却する

企業の行動規範をサプライヤーが遵守しているかを調べるためにアンケートを実施するのはよくある手法だ。確かに、差別や長時間労働、性加害などの人権課題に発注企業が強い関心をもっていることを伝えることで、取引先企業の人権に関する慣行を是正する効果が期待できる。ただし、人権デュー・ディリジェンスが単なるチェックボックス方式のアンケートに終始する場合は、現実をなんら是正しない表面的な活動になってしまう。

まず、取引先におもむろに詳細なアンケートを送り付け、問題があれば取引を停止する、というような威嚇的対応ではなく、いっしょに改善を進める姿勢を明らかにして実行してほしい。もし、委託先の余力を奪うような契約関係を取引先に押しつけているせいで、しわ寄せが労働者や下請け等に及んでいるなら、発注価格の見直しを含め、問題を解決する必要がある。

サプライヤーへの監査に関しても課題がある。第三者に監査を全面的に依頼している企業もあるが、かえって他人事になる傾向があるし、昨今、監査法人の腐敗が深刻な問題となっている。企業にお墨付きを与えるだけの「ゆるい」監査も横行している。さらに、人権侵害の被害にあっている当事者や労働者は、突然監査が来ても、恐怖で何も話せないことを理解する必要がある。工場内で、管理職も近くにいるのに、「労働環境に問題はありますか」などと質問されても、本当のことを言える労働者はごくまれだ。会社や工場から遠く離れた場所（オフサイト）でのインタビューを行うことが監査の必要条件であるが、それでも通訳や調査員の素性がわからないと、報復を恐れて話ができないという問題は残る。仮に「人権ＮＧＯの人間だ」と名乗られても、初対面の外国人を直ちに信頼できるはずがない、それが普通だ。

最も有効な方法は、労働者や住民が信頼している地元のＮＧＯや労組の協力を得て、モニタリングを進めることだろう。さらに、監査のときに何も言えなくても、困ったときに苦情を申し立てられる仕組みを作り、アクセスができるようにすることだ。その意味で、人権の取り組みはボトムアップであるべきで、人権侵害が起きている現場から出発することが重要だ。

下請け・委託先いじめの構造を変える

製造業のサプライヤー工場で、労働条件が劣悪な原因をたどると、発注企業が発注価格を買い叩き、「もっと安く」「納期は早く」「品質は絶対保持」などと厳しい条件を突きつけ、「底辺への競争」を強いている事例が目立つ。優越的な地位を濫用して、不公正な取引条件を課し、自由にモノが言えない空気を作ったうえで、人権のチェックリストを突きつけて、すべての責任をサプライヤーに押しつけるのは、最悪の対応である。「買い叩き」の構造を変えることなしに改善は実現しない。

現実を見ると、国内の中小下請け企業に対しても、下請けいじめは横行している。２０２４

年3月には日産自動車が公正取引委員会から下請法違反を認定された。2021年1月から2023年4月、下請け先36社への代金を約30億円も不当に減額したという。

原材料費などで下請け企業のコストが増えたにもかかわらず、適切に価格交渉をしなかった事例も多く、2022年12月、公正取引委員会は、デンソー、佐川急便、JA全農、豊田自動織機、ドン・キホーテ、三菱食品など13の企業・団体名を公表し、独占禁止法違反(優越的地位の濫用)にあたる恐れがあるとして改善を求めた。しかし、これも氷山の一角だろう。人権の取り組みの前提として、サプライヤーに対し、公正な価格転嫁を行わず、対等な交渉を行わないまま価格を決定する構造的問題を抜本的に改善する必要がある。

現代奴隷の排除・ディーセントワークの実現

バリューチェーン全体で現代奴隷を排除し、ディーセントワークを達成することは、持続可能で人権が尊重される事業活動にとって不可欠の課題だ。

日本政府が策定した国別行動計画(2020―2025)の横断的事項にも「ディーセントワーク」が掲げられ、ハラスメント対策の強化や外国人労働者の権利保護・尊重が掲げられている。

まず、強制労働の根絶が必要だ。強制労働のイメージは「鎖につながれる」ような極端な事例を思い浮かべるかもしれないが、日本の私たちにとっても他人事ではない。ILOは、「強制労働」を判断するための11の指標をあげている（ILO 2012）。

①脆弱さの濫用 ②騙し ③移動の制限 ④孤立化 ⑤身体的・性的暴力 ⑥脅迫
⑦身分証などIDの雇用主による保管 ⑧給与を渡さない ⑨債務返済のための労働
⑩有害な労働・生活環境 ⑪過剰な長時間労働

一つに該当するだけで強制労働と判断される指標もあるが、複数の指標をあわせることで強制労働と判断される場合もある。過大なノルマやパワハラ等の脅しで過労死に至りかねない長時間残業が常態化するケースなどは、強制労働と判断される可能性がある。過剰な長時間労働を防止・是正することは重要だ。建設業、福島の除染労働など、何層もの下請け構造がある事業では、バリューチェーンのトップが人権尊重の責任を果たす必要がある。

技能実習生や外国人労働者の搾取は、きわめて重大な問題だ。技能実習生を採用している取引先をマッピングし、人数、国籍、年齢などを把握し、雇用契約の締結、賃金、残業時間、労災保険、手数料等借金の有無などを把握し、暴力やハラスメント、パスポートの取り上げ、強制帰国などがあってはならないと周知徹底し、現地調査等もすべきだ。

技能実習生問題の根幹に、実習生が自国の送出機関に支払っている多額の手数料が借金としてのしかかり、人権侵害に声を上げられない構造がある。ベトナムからの技能実習生に関しては、採用企業が5割超を負担する方向での官民の取り組みが進んでいる。さらに繊維商社の帝人は、「ゼロ・フィー・プロジェクト」を実施し、同社の子会社が手数料を支払い、実習生に負担させないことを確約させる取り組みをしているという。すべての業界で、送出機関の透明性を確保し、実習生に手数料や借金、ペナルティなど、現在および将来における金銭の負担をさせることがないよう連携して取り組むことが求められる。日本が批准するＩＬＯ１８１号条約「民間職業仲介事業所条約」は、「民間職業仲介事業所は、労働者からいかなる手数料又は経費についてもその全部又は一部を直接又は間接に徴収してはならない」(7条)と規定しており、この条約と矛盾する受け入れを根絶する取り組みを官民で進めることが急務だ。

非正規労働者への差別やフリーランスの無権利・不安定などは、ディーセントワークと全く相いれない。２０２４年11月に施行されたフリーランス新法は、発注する事業者に、①書面等による取引条件の明示、②履行後60日以内の報酬支払い、③受領拒否、報酬減額、返品、買い叩き、購入・利用強制、不当な経済上の利益提供強制、不当な給付内容の変更・やり直しの禁止、④募集広告の適正表示、⑤育児・介護等と業務の両立に対する配慮、⑥ハラスメント防止の体制整備、⑦中途解除等の事前予告・理由開示などを義務づけた。その遵守は権利保護の出発点だ。

ただ、根本的には、低賃金で不当解雇からの保護も労災補償もない就労形態や、企業が労働条件の改善の交渉も拒絶する現状そのものが深刻な人権のリスクをはらんでいる。こうした待遇を是正し、フリーランスが尊厳をもって働ける環境整備をバリューチェーン全体で保障していくことが求められる。

認証制度やマルチ・ステークホルダー・プロセスへの参加

コットン、カカオ、パーム油、魚などに関しては、持続可能で人権に配慮している、とする認証制度があり、こうしたスキームに参加することも取り組みの一つのステップといえる。例えばパーム油であれば、RSPO（持続可能なパーム油のための円卓会議）認証、森林に関しては、森林管理協議会（FSC）の認証などがある。業界のみならず、NGOや環境団体、地域の関係者らも参加しているマルチ・ステークホルダーのプロセスであること、厳格なトレーサビリティを追求すること、開かれた被害救済メカニズムがあることなどが、信用性判断の決め手といえる。

電子機器業界のサプライチェーンに関しては、労働者の権利などに取り組むRBA（Responsible Business Alliance）の取り組みがある。紛争鉱物等、鉱物資源をめぐる人権課題に関しては、RMI（Responsible Mineral Initiative）があり、日本では、責任ある鉱物調達検討会がある。

ただし、すべての認証制度や業界の取り組みが人権に厳密に対応しているとはいえず、被害救済メカニズムを備えていないものも多いため、認証やプラットフォームだけに依存せずに、リスク把握や現地調査、被害救済メカニズムの設置などを進めてほしい。

差別への対応

遠くのサプライチェーンを見渡さなくても、近いところに人権侵害はある。

差別やハラスメントの課題だ。国連作業部会最終報告書は、「採用選考において差別につながる可能性のある質問を排除し、職場におけるあらゆる差別、搾取、ハラスメント、権利濫用その他の形態の暴力に対処すること」を勧告している(パラ86(f))。日本政府の国別行動計画(2020—2025)の横断的事項にも、法の下の平等が掲げられている。

差別解消に関連しては、日本国内でとるべき「適切な措置」が法律に落とし込まれているものもある。

障害者に関しては、2016年から施行されている改正障害者雇用促進法により、雇用分野における障害者差別は禁止され、事業者による合理的配慮の提供が義務化された。2024年4月より、障害者差別解消法の改正に伴い、障害のある人への合理的配慮の提供がすべての企業に義務化された。合理的配慮の提供とは、障害者の社会的バリアを取り除くために必要かつ合理的な配慮を行うことで、何が「必要かつ合理的」かは、合理的配慮を申し出た障害者の方との建設的な対話を通じて行うこととされている。現実には職場で虐待や差別、配慮のない対応が横行しており、バリューチェーン全体で合理的配慮を徹底することが求められる。

性的マイノリティに関しては、２０２３年に成立したＬＧＢＴ理解増進法が10条で、①性的指向及びジェンダーアイデンティティの多様性に関する理解を深めるための情報の提供、②研修の実施、③普及啓発、④就業環境に関する相談体制の整備、⑤その他の必要な措置を講ずるよう努めることを事業者に要求している。必要な措置としては、個人情報の保護、服務規程の改正、同性パートナーの福利厚生の充実などの支援、更衣室やトイレの利用に関する配慮その他、社内の制度や諸規定を改善すること、支援のネットワークを構築することなどがある。大前提として、社内方針の策定や、その推進体制の確立も求められる。

ただし、日本には諸外国と異なり、包括的にあらゆる差別を禁止し是正する法律がなく、企業が事業活動を通じて引き起こす差別すべてに明確な指針を定めていない。例えば、外国人や移住労働者に対しては、ヘイトスピーチ解消法以外に差別を禁止する法律がないため、差別や搾取などリスクの高い状況に置かれている。ＬＧＢＴＱＩ＋、外国人、障害者、高齢者などは深刻な入居差別にあい続けている。２０２４年10月には、福岡市の不動産会社が扱う賃貸物件の紹介資料に、募集条件の欄に「ペット相談(犬)不可」と並び「ＬＧＢＴ不可」と書かれていたという。不動産業界全体で差別を禁止するポリシーを採択し実施していくことは急務だ。事業に関係するあらゆる差別を解消するためには、国際基準を参照することが必要になる。国連ビジネスと人権作業部会最終報告書の「リスクにさらされたグループ」に注目し、こうした属性のライツホルダーとの協議を開始することは最初の一歩となるだろう。

また、差別とは、一定の地位等に基づくあらゆる区別、排除、制限、不利益取り扱い、ヘイトスピーチ、ハラスメント、合理的配慮の否定を含む。

差別や平等について詳しく知り、対応するために、国連から出されている「包括的反差別法制定のための実践ガイド」の日本語訳を是非参照されたい。

雇用における男女間、正規・非正規間の賃金・手当・その他の待遇の格差はきわめて大きい。2022年から、常用労働者数301人以上の企業に対し、男女の「賃金差」に関する情報開示が義務づけられた(「女性活躍推進法」の改正)ことは一歩前進だが、依然として格差が大きいことが可視化されており、格差の是正が必要だ。パート・有期雇用労働法(2018年改正)によって、パート・有期雇用労働者に対する不合理な待遇差や差別的取り扱いは禁止されているが、立場の弱い労働者が差別是正を求める訴訟を起こすハードルは高く、時間もかかる。企業は同一価値労働同一賃金の原則に基づき差別を撤廃し、合理性のない待遇格差はすべて見直し、賃金や待遇に関連する諸情報を開示することで、均等待遇を実現するべきである。

差別を生む心理的な背景として「ステレオタイプ」「バイアス」を理解したほうがよい。ステレオタイプとは、ある属性の人はこういう傾向があるという認知、偏見(バイアス)は、ステレオタイプなイメージに基づく他者や集団に対する根拠のない判断・評価である。無意識の偏見(アンコンシャス・バイアス)は差別を生みやすい。例えば、女性は感情的で能力が劣る、女性はケアの能力が優れているなどの固定観念は系統的な女性差別を生み出してきた。性自認・性的指向についても同様だ。ステレオタイプやバイアスは無意識のうちに発生しがちなので、一人一人が偏見に気づき、是正する研修を実施することが有効だ。

女性の人権、ダイバーシティ・インクルージョン

女性に対する人権尊重に関してはバリューチェーン全体で対応する必要がある。指導原則に先立つ2010年に、国連機関のUN Womenが「女性のエンパワーメント原則」(WEPs)を採択しており、①トップのリーダーシップによるジェンダー平等の促進、②機会の均等、インクルージョン、差別の撤廃、③健康、安全、暴力の撤廃、④教育と研修、⑤事業開発、サプライチェーン、マーケティング活動、⑥地域におけるリーダーシップと参画、⑦透明性、成果の測定、報告を掲げている。この原則とSDGsゴール5(差別撤廃、暴力・有害な慣行、家庭内無償労働の評価、参画とリーダーシップ)を参照し、施策を考えることを推奨したい。

男女雇用機会均等法は、募集・採用、配置・昇進等の性別を理由とする差別の禁止や婚姻、妊娠・出産等を理由とする不利益取り扱いの禁止、セクシュアル・ハラスメント、マタニティー・ハラスメントに関する雇用主の義務等を規定しているが、各企業の遵守には課題がある。ジェンダー不平等、性暴力、ハラスメントの悪循環を打破するには、ダイバーシティ・インクルージョンを推進することが重要になる。

男女共同参画社会基本法の施行を受けて2003年、「2020年までに各分野の指導的地位に女性の占める割合を少なくとも30%にする」との目標が掲げられたが、達成されないまま現在まで来た。国連作業部会最終報告書も、「企業の意思決定機関において、女性の登用を増やすこと」と勧告しており(パラ86(c))、役員・管理職に30%以上の女性参加を達成することが急務だ。女性活躍推進法が常用労働者101人以上の事業者に女性活躍のための「行動計画」の作成・公表を義務づけ、労働者100人以下の事業者にも努力義務を課している。

これをさらに進め、あらゆるプロジェクトで男女50:50にする取り組みを推奨したい。国際社会は2030年までに50:50の対等な参画を求めて動いている。50:50は、ポジティブな変化を職場やプロジェクトにもたらしており、企業の人権尊重の取り組みを含む多くの事業で適用してほしい。

さらに、様々な属性の人や若者の参加を確保することで、誰もが意見の言いやすい「誰一人取り残さない」企業に近づくことができるだろう。

ハラスメント対応

職場でのセクシュアル・ハラスメント、マタニティー・ハラスメント、育児・介護ハラスメント、パワー・ハラスメント、性的マイノリティへのハラスメントに関しては、すでに雇用機会均等法や、労働施策総合推進法によって措置義務、防止義務が定められている。

まずは方針を策定して周知・啓発し、相談窓口などの体制を整備する必要がある。そして、被害の相談には以下のような対応が求められる。

- 事実関係を迅速かつ正確に確認する
- 速やかに被害者に対する配慮のための措置を適正に行う
- 事実関係の確認後、行為者に対する措置を適正に行う
- 再発防止に向けた措置を講ずる
- 相談者や行為者などのプライバシーを保護するために必要な措置を講じ、労働者に周知する
- 相談したことなどを理由に、解雇その他不利益な取り扱いをされない旨を定め、労働者

に周知・啓発する

そして常に、施策が十分なのか検証することが必要だ。匿名のアンケートをとるなどして、実態調査を行うことでハラスメントのパターンや頻度、深刻さを認識し、実態に即した改善に努めることをお勧めしたい。

さらに、同様の施策を委託事業者やフリーランス、取引先、バリューチェーン全体で広げていくことが求められる。フリーランス新法により、ハラスメント防止の体制整備は発注企業に義務づけられている。

パワーハラスメントには以下の類型があり、あらゆる職場で発生しがちなので、管理職も含めた研修で根絶を進める必要がある。

パワーハラスメントの類型
イ　身体的な攻撃（暴行、傷害）
ロ　精神的な攻撃（脅迫、名誉棄損、侮辱、ひどい暴言）
ハ　人間関係からの切り離し（隔離、仲間外し、無視）
ニ　過大な要求（業務上明らかに不要なことや遂行不可能なことの強制、仕事の妨害）

ホ　過小な要求（業務上の合理性なく能力や経験とかけ離れた程度の低い仕事を命じること、仕事を与えないこと）
へ　個の侵害（私的なことに過度に立ち入ること）

性を蹂躙されないことは人権である

ジャニーズ問題の経験や一連の #MeToo の声を受けて、性を蹂躙されないことは基本的人権である、という理解がようやく進んだ。すべてのバリューチェーンから性加害やセクシュアル・ハラスメントを根絶するための方針を決め、対策を講じることが求められる。

「性行為の同意」の認識をアップデートすることも重要だ。２０２３年の刑法性犯罪規定の改正によって、相手方の意に反する性行為が許されないこと、職業上の地位関係性に乗じたり、困惑等の相手方の脆弱性に乗じた性行為も不同意と認定される類型であることが確立したルールになった。このルールがビジネスのすべての場面で周知徹底されるよう、「性行為の同意」に関する研修をして、「性行為の同意」に関する正確な認識を共有する取り組みを推奨したい。

日本は批准していないが、今や国際スタンダードになっているＩＬＯ１９０号「暴力とハラスメントに関する条約」は、取引先やインターン等、社外の関係者へのセクハラについても禁止・救済すべきとしており、企業はこれを踏まえて、取引先も含めた被害防止や、相談体制の整備を進めるべきだ。

業界ごとにポリシー文書をつくったり、相談支援体制を確立することも求められている。映画業界が「日本映画制作適正化機構」を設立し、ハラスメント等のガイドラインを作って研修や相談窓口の広報などの取り組みを開始していることは注目に値する。テレビ業界でも同様の取り組みが必要だろう。

一方、子どもに関わる産業、例えば家庭教師や塾での子どもへの性加害も深刻だ。多くの事案で子どもは泣き寝入りを余儀なくされている。子どもに関わる産業や、性暴力の発生しやすい業界では、人権方針の確立や実態調査、性加害を防ぐ実効性ある対策、被害を安心して相談できる仕組みをつくることが求められる。

子どもの権利の保護

子どもはビジネスによって特に深刻な影響を受けやすいうえ、被害にあっても声を上げることが難しいため、特別な配慮が求められる。

日本政府の国別行動計画(2020―2025)の横断的事項にも子どもの権利が掲げられ、人身取引、性搾取、児童労働の撤廃、児童買春への対応、子どもに対する暴力の撲滅、性被害防止、子どもの権利とビジネス原則の周知、安全なインターネット環境の整備、スポーツにおける子どもの権利などの取り組みを進めていくとされているが、企業が十分に取り組んでいるとは言い難く、課題としてそのまま残っている。

ユニセフ等が発表した「子どもの権利とビジネス原則」(10の原則)は、どんな事業においても遵守されるべきである。国連作業部会最終報告書は、人権デュー・ディリジェンスにおいて、この原則を取り入れるよう勧告している(パラ86(g))。

①子どもの権利を尊重する責任を果たし、子どもの権利の推進にコミットする
②すべての企業活動と取引関係において児童労働の撤廃に寄与する
③若年労働者、子どもの親や世話をする人々に働きがいのある人間らしい仕事を提供する
④すべての企業活動および施設等において、子どもの保護と安全を確保する
⑤製品とサービスの安全性を確保し、それらを通じて子どもの権利を推進するよう努める
⑥子どもの権利を尊重し、推進するようなマーケティングや広告活動を行う
⑦環境との関係及び土地の取得・利用において、子どもの権利を尊重し、推進する
⑧安全対策において、子どもの権利を尊重し、推進する

⑨緊急事態により影響を受けた子どもの保護を支援する
⑩子どもの権利の保護と実現に向けた地域社会や政府の取り組みを補強する

武力紛争、気候変動、経済的社会的権利の侵害の文脈でも、子どもの権利侵害を具体的に把握し、対応することが必要となる。

メディア、広告、デジタル、AI

メディア、広告、デジタル、ＡＩは差別や人権侵害を助長するカルチャーを生み出すリスクが高い。ＣＭの炎上は、公表直後に起きるパターンが多く、自社で人権の視点から注意しモニタリングしていれば、公表前に食い止められるはずだろう。そうでないとすれば、会社全体で、異論を許さない空気や、女性やマイノリティの抑圧がある可能性がある。ダイバーシティ・インクルージョンを推進し、企業風土全体を変え、人権意識を向上させる必要がある。全体を通じて、広告代理店の責任はきわめて重い。ヘイトや差別を助長する媒体や出版物、企業に関しては関連企業の出番であり、しっかりと影響力を行使してほしい。

デジタル、ＡＩは、日本政府の国別行動計画（２０２０―２０２５）においても横断的分野に挙げられているが、問題は深刻なままである。

第3章で見たとおり、欧州では、デジタルサービス法が成立し、GAFAなどの巨大プラットフォームに厳しい義務が課されている。2024年9月に国連未来サミットで採択された「グローバル・デジタル・コンパクト」は、IT企業、開発者に対し、ライフサイクル全体を通じて人権尊重と人権デュー・ディリジェンスの実施、さらにソーシャルメディア・プラットフォームも含め効果的な救済へのアクセスの提供を求めている。日本でも対応が必要だ。ITプラットフォーム企業には、人権に関する方針を確立し、人権のチームを作って、問題投稿の削除を迅速かつ的確に行うなどの対応が求められており、当事者の申請を待たずに迅速に対応することも必要となる。子どもに対するいじめ、児童ポルノ、グルーミングがSNSのDM機能を通じて行われていることへの対応も急務だ。

一方で、アジア諸国では「サイバーセキュリティ法」などと称される治安立法があちこちで制定され、国家がSNSやメール等の私的な通信まで検閲して、政府に批判的な言論を取り締まる例が多い。ITプラットフォーム企業が個人の情報を提供するよう政府から求められたらどうするか。いったん国家に提供すれば、表現者はプライバシー権の侵害、表現の自由の萎縮、さらには恣意的な拘禁を受けるなど、国際人権法上保障されるべき様々な人権を侵害される危険がある。こうした場合、現地法ではなく、国際人権基準を尊重することを指導原則は求めている（原則23）。

さらに、AIに関連する人権課題への対応が迫られる。経済産業省は、AI事業者ガイドラインを策定し、共通指針や開発者、提供者、利用者の重要事項を詳細に列挙しているが、この分野の深刻さに鑑み、世界はソフトローを超えた厳格な規制に向かっている。EUの規則については第3章に紹介したが、こうした規制の動きを参照しつつ、人権に対するリスク分析を慎重に行ったうえで、厳格なアプローチを採用し、透明性と説明責任を確保する必要がある。

結社の自由、人権活動家の保護

アジア諸国の中には、労働者のストライキ権を承認するために法律上の厳しい要件を課す国があり、その要件を満たさないストを実施した労働組合に所属する労働者を現地企業が大量解雇する事例が多々みられる。

しかし、国際水準からすれば、厳しい要件を課してストを弾圧すること自体、「結社の自由」に矛盾する。もしサプライヤー工場でそうしたことが起き、労働者が復職を求めていたら、国際基準に基づいて判断すべきだ。その国の調停手続や裁判でサプライヤー企業が勝訴し労働者が敗訴したとしても、司法の独立性の欠如などの事情を考慮し、判断の妥当性を国際基準に基づいて再考し、従業員の現職復帰を支援、説得することが相当な場合があることに留意すべきだ。

また、人権侵害に声を上げる労組関係者や人権活動家が物理的攻撃を受けたり、司法を通じたハラスメントにさらされる危険も増えている。途上国では「公の秩序を乱した」などのあいまいな刑法規定を理由に訴追・投獄される人権活動家が多く、さらに名誉毀損を理由としたスラップ(Strategic Lawsuit Against Public Participation: SLAPP)訴訟を提起され、巨額な賠償請求で威嚇される労組関係者らの被害事例も急増している。現地のことは現地の司法判断に委ねればよいというものではなく、国際的に確立された表現の自由を侵害する行為には、親会社や関連企業という立場で積極的に介入し、影響力を行使すべきだ。

環境・気候変動

環境問題の多くは、人の居住、水や食料、健康、生命に対する権利に深く結びついており、国連総会はクリーンな環境を享受すること自体が人権である、とする決議を採択している。ビジネスと人権を考えるにあたって、環境問題も人権問題と捉えなおして位置づける必要がある。環境破壊は、工場の操業中や廃棄物の対応に関連して発生するというイメージが強いが、温室効果ガスは製品の運搬や流通の過程でも発生するし、自動車やその燃料をエンドユーザーが使う場合も発生するのであり、バリューチェーン全体で考慮する必要がある。

特に、急激な気候変動による生存その他の人権リスクを回避するために、２０５０年までにネットゼロを達成することは喫緊の課題となっており、事業規模と影響力が大きい企業であればあるほど責任は大きい。国連作業部会最終報告書は「公正な移行に向けた人権の考慮を念頭に置きながら、気候変動への取り組みを強化すること」(パラ86(d))と勧告する。企業は、第3章にも紹介した欧州の気候訴訟や法制化の流れに対応し、スコープ1(直接的な排出)、スコープ2(すべての調達先を通じた間接的な排出)、スコープ3(事業活動の結果、消費者を含む第三者によって排出された温室効果ガスによる排出)のすべてにおいてどのように温室効果ガスを削減していくのか、明確なアクションプランを立てて公開し、実施することが求められている。

残念なことに日本企業の中にはグローバルでは通用しない実効性のない対策を続け、それを「地球にやさしい」などと宣伝している企業も目立つ。そのような政策を許容している日本は、市民が選ぶ「化石賞」の常連となり、気候変動対策や脱炭素化に後ろ向きな国とみなされている。その理由として、再生可能エネルギーで作られていない水素やアンモニアを燃料として、既存の火力発電インフラで混焼する技術を推進することによって、日本だけでなくアジア全体で化石燃料依存を延命させ、再生可能エネルギーへの移行を遅らせている、との批判がある。

企業が実効性に疑問符のつく「気候変動対策」に与《くみ》する場合、「グリーンウォッシュ」として、国内外で環境団体や市民から訴訟提起を受け、投資家からも相手にされなくなる危険性は高い。批判に耳を傾け、実効性ある対策に転換する必要がある。

開発プロジェクト

大規模開発プロジェクトは、事業主体、関連企業、さらに融資する銀行や、政府系機関等が関わることが多いが、先住民族や地域住民に重大な影響を与える場合が多く、深刻な被害を人々に与える事例が報告される。

とりわけ先住民族は先祖伝来の生活を破壊されるリスクが高いため、自由意思に基づく(Free)、事前の(Prior)、十分な情報提供をしたうえでの(Informed)、同意(Consent)がないかぎり、先住民族の権利に影響を与えるプロジェクトを実施してはならない。この点、先住民族の中でも女性らの意思を無視した決定によって、トラブルが多発している。およそ先住民族に悪影響を及ぼすプロジェクト、さらにきわめて環境負荷が大きい案件、大規模な森林破壊を伴う案件は、同意の有無にかかわらず、慎重に進めることが求められる。また、先住民族に限らず、影響を受ける地域住民との十分な協議と合意を得て、懸念への対応や補償の提供を丁寧に行う必要がある。

重大な人権侵害に加担しない

紛争地や抑圧体制における事業活動は、特に深刻な人権侵害を生む危険があることは第4章で指摘した。国連作業部会も求めるとおり、武力紛争下では、人権デュー・ディリジェンスを強化し、紛争および紛争下の人々の人権に事業活動が与える影響を厳しくモニタリングし、負の影響を停止・防止し、是正のための適切な措置を講じなければならない(パラ86(h))。取引継続が武力紛争下における人権侵害への加担になる場合、取引関係を終了させる必要がある(「責任ある撤退」といわれる)。一方で、取引関係の終了によって発生する人権への悪影響を緩和する措置も求められる。

特に、国連やICC、ICJ、さらにNGO等から、戦争犯罪、ジェノサイド、人道に対する罪に相当する人権侵害が発生している蓋然性を指摘された国や地域で、漫然と取引を継続すれば、企業は深刻な人権侵害への加担の法的責任を問われる可能性がある。例えば、イスラエルのガザ地区での民間人攻撃、ミャンマー軍のロヒンギャ住民への迫害、ロシアのウクライナ侵略に関しては、ジェノサイド行為の防止を命じるICJの仮保全措置命令が出ている。新疆ウイグル自治区に関しては、国連人権高等弁務官事務所が2022年8月に出した詳細な報告書があり、人道に対する罪が示唆されている。ミャンマーやパレスチナに関しては、人権侵害と結びついている企業名を名指しで公表した報告書も提出されている。事実をめぐって判断に悩む場合は、国連人権理事会や安全保障理事会に提出されるレポート等に注目することをお勧めする。

人権理事会が国・地域別の特別報告者を置いている国・地域の一覧
https://spinternet.ohchr.org/ViewAllCountryMandates.aspx
安全保障理事会が議論している国の一覧
https://www.securitycouncilreport.org/country-regional-issues

事業実施地で武力紛争が発生している場合以外にも、兵器・武器産業や軍事・セキュリティ企業への投融資、業務提携、取引関係は、人権侵害への助長が深刻に懸念される。民間人の殺戮などの深刻な人権侵害への加担にならないよう明確な対応が求められる。

開示と説明責任

人権デュー・ディリジェンスのプロセスには、企業がとった行動を開示し、説明することが不可欠である。指導原則21は「企業は、その事業や事業環境が人権に深刻な影響を及ぼすリスクがある場合、どのようにそれに取り組んでいるかを公式に報告すべきである」と求める。

近年、企業は人権に関する取り組みの現状を自社サイトに公開したり、サステナビリティ報告書に組み入れたり、人権報告書を毎年作成したりするようになった。ただし、報告書は企業にとって都合のよいことだけを記述するＰＲであってはならない。人権リスクの特定、対策、発生した負の影響に具体的にどう対応したのか、さらに実効性の検証を含めて具体的に明記し、人権デュー・ディリジェンスの説明責任を果たす必要がある。

人権報告書ではなく、住民やNGO等から人権侵害の指摘を受けた際にどう対応するかは重要であるが、日本企業の透明性と説明責任の欠如はグローバルで問題視されている。

例えば、HRNと日本ウイグル協会は、2022年、日本のテクノロジー企業の技術や部品が、ウイグル自治区で監視に使われたことへの認識や対応を関連企業に質問した。これに対し、無回答の企業もあり、TDK、ソニーなどの大手企業の多くが「個別の取引に関する回答は遠慮」するとし、人権尊重に向けた取り組みを進める、との抽象的な回答にとどまった。しかし問われているのは、個別事案で、人権侵害と関係しているのか、今後どう対応するのかであり、抽象的な姿勢表明では説明責任は果たせない。こうした禅問答をする日本企業は国際的には全く信頼されない。現実に起きている課題にこそ、説明責任を尽くすべきだ。

3　救済へのアクセスの取り組み

人権の取り組みで、最も重要となるのは、具体的に人権侵害の訴えを受けたときに、どのように是正し、救済するか、である。

人権の取り組みのなかで、現場で苦しんでいる人の救済は最も重視される必要があり、救済のための苦情処理メカニズム（グリーバンス・メカニズム）の運用は非常に重要だ。人権に影響を受けるすべての人に開かれた、独立性のある公平で公正なプロセスが提供される必要がある。企業は、自ら苦情処理メカニズムを設置する（原則29）か、あるいは「産業団体、マルチステークホルダー、及びその他が関わる協働型の取組み」が設置するもの（原則30）を利用することが求められており、苦情処理メカニズムのあり方について指導原則31は、以下のような条件を定めている。

a 正当性がある　b アクセスしやすい　c 予測可能である　d 公平である　e 透明性がある　f 国際的に認められた人権に合致する　g 企業が苦情から学び、対応を改善する源となる　h ステークホルダーとの対話・協議に基づく

この内容にかなったものになるよう、労働組合や被害当事者など、関係するステークホルダーと協議して設計する必要がある。国連作業部会は、「国連指導原則に従って、事業レベルの苦情処理メカニズムを確立し、効果的な非司法的苦情処理メカニズムの全ての基準がジェンダーに配慮した形で解釈されるようにすること」「個人と地域社会に及ぼした被害に対して、実効性ある救済を提供すること」（パラ86（a）（b））を勧告している。

信頼される相談窓口になるために

企業によっては「内部通報」「コンプライアンス通報窓口」が指導原則に基づく苦情処理メカニズムを兼ねている、というところも少なくないが、被害者にはわかりにくい。そもそも「サステナビリティ」「コンプライアンス」「内部通報」等といったタブをクリックしない限り、人権相談にたどり着けないホームページが多い。人権やハラスメント被害の訴えを受け付けていることをわかりやすく企業のトップページに表示し、通報したらどんな手続が待っているか、丁寧な説明を公表する必要がある。

企業内の人間に委ねられた通報窓口では公平性・信頼性が欠けることを考えると、外部窓口を設け、専門性、独立性をもって、調査権限も有するような仕組みが求められる。性暴力やハラスメントを含めた人権の訴えについては、報復やプライバシー侵害を懸念し、匿名での事実確認を求める被害者も多い。本人に代わって、代理人や労組、第三者を通じた通報も認められるべきだ。

大企業の中には、「多言語に対応した外部通報窓口を設けています」「プライバシーにも配慮しています」などと企業ホームページに公表しているところも増えてきたが、看板倒れの企業が少なくない。電話をかけてみると、「外部通報窓口は苦情を聞き取って会社に伝えるだけで、事実調査や被害救済はできない、そのようなことを望むなら実名で被害をお聴き取りし、会社に伝えます」などと言われる場合が多い。しかし、それでは意味がない。

結局、会社の人事（被害者からは、「ハラサー上司」とつながっている可能性が高い、会社側をかばうに違いない、と認識されている）にもどされ、プライバシーが筒抜けになるとすれば、通報の結果、被害者が会社に居づらくなってしまう。そう考えると、被害者が通報をためらうのは当然であり（原則31（b））、被害者の視点に立てば、公平とは到底いえない（原則31（d））。

自社の苦情処理メカニズムが被害者の視点から機能しているか、担当者は覆面調査をして実効性を検証したほうがよい。国連作業部会最終報告書は、「報復を恐れることなく職場でのセクシュアル・ハラスメントを報告できるよう、従業員やタレントに透明で利用しやすいコミュニケーション・チャンネル及び安全な環境を」とも勧告している（パラ86（j））。

バリューチェーン上の被害者も含む救済

苦情処理メカニズムは、自社のみならず、取引先、バリューチェーン上の被害者の通報にも対応できるように相談体制を整備し、公表・周知すべきだ。通報窓口が取引先にも開かれていることを積極的にアナウンスし、バリューチェーン上の関係者にも周知・告知する方法を考えてほしい。

人権侵害の被害にあっている多くの人と話をすると、どの救済窓口に申立てたらいいかわからない、たらい回しにされて途方に暮れる、などという話を聞くが、たらい回しや拒絶はあってはならない。指導原則のもとではむしろ「救済のブーケ」という考え方が推奨されている。被害者は、自社の社内窓口、社外窓口、取引先、業界団体等、様々な機関に相談することができ、被害者がアクセスした機関はどこでも、重複しても、手を差し伸べるべき、とする考えだ。

自社の財政規模では、バリューチェーン全体を含む完璧なものができないという企業もあるかもしれない。中小企業も含めて被害救済を進めるには、それぞれの業界が、業界ごとの苦情処理メカニズムを導入することで個社の取り組みを補う必要がある。

また、技能実習生や外国人労働者に関しては、多言語で、安心してアクセスできるような相談窓口の工夫が必要となる。技能実習生に向けた相談窓口に「通報がほとんどない」という声も聞いたことがあるが、相談窓口の認知度、信頼性に課題がある。一方で、外国人問題に取り組む労組には多数の相談が寄せられている。こうした最前線で取り組む人々から学び、施策を進める必要があるし、労組とも連携を進めるべきだ。

日本における取り組みの例として、ある航空会社では、自社とサプライチェーンの労働者向けに、外部組織が運営する多言語の苦情通報窓口を運用、その周知を図るために、職場や休憩所へのポスター掲示、技能実習生・特定技能人材へのＱＲコードの直接通知等も行っているとされる。また、自社が公表する人権報告書に、技能実習生からの訴えを受けてどう対処したかを、事例ごとに具体的に記載している。通報後のプロセスや、実際に改善に向けてどう対応しているかを具体的に公表することはグリーバンス・メカニズムの信頼性を高めるためにも有効だといえる。

バリューチェーンも含む被害救済を進めるためには、取引連鎖に関するトレーサビリティの確保が大前提となる。委託先工場などで苦情窓口の告知をしてもらうことになるが、従業員が安心して相談できるような窓口にするには、労働者の心情を熟知した地元のＮＧＯや労組の協力が必要であり、相談の受け手のトレーニングも必要だ。

ジャニーズ性加害問題の被害救済窓口

スマイルアップ社が設定した被害救済窓口は、指導原則31からみると大きな課題がある。そもそも、インターネット上のフォームに個人情報や性加害の内容を詳細に明記することを求める方法は、被害者心情を考えると、アクセス可能(原則31（b）)といえるのか疑問だ。賠償の基準が公開されていないため、被害者は提示された額が賠償基準に照らして公平なのか判断できず、予測可能性(原則31（c）)・透明性(原則31（e）)の点でも問題だ。

事案の性質上、性暴力被害者への臨床経験のある精神科医や臨床心理士が聞き取りを行うべきだが、こうした実務経験や専門性のない法律家が聞き取りを行うため、味方になる弁護士の費用を払う余裕のない被害者は孤立無援で事情聴取を受けており、筆者にも「まるで被告人席に立たされたようだった」と苦痛を語った被害者がいた。このような状況は国連作業部会最終報告書で「容認できない」(パラ76)と批判されている。こうした苦痛の末に、ある日突然メールが届き、在籍確認がとれないなどの一言で、賠償支払いを拒絶された人も少なくない。

被害救済には、賠償金の支払いだけではなく、真相究明、謝罪、トラウマケアなどのリハビリテーション、付随する「セカンドレイプ」ともいうべき被害者への誹謗中傷への対応も必要であるが、十分な対応はされていない。実際、誹謗中傷を苦に自死に至った被害者がいるのは重大である。

被害救済のプロセスは、被害当事者などと丁寧に協議(原則31(h))しながら、改善していくべきであり(原則31(g))、関連企業からのエンゲージメントは今後も必要だ。国連作業部会が指摘するとおり、「早期の救済を求めている被害者のニーズに応えるには、まだ長い道のり」(パラ76)が必要であり、スマイルアップ社及び関連企業の責任は問われ続けるだろう。

内部通報窓口の課題

人権に関する相談、通報、告発が、公益通報として保護され、声を上げた人が報復を受けないことは重要な課題だ。

２０２４年、兵庫県知事によるパワハラ等の疑惑に関し、匿名で告発を行った職員が、知事による「徹底的に調べてくれ」との指示に基づいて特定され、通報者として保護されずに懲戒処分を受け、数カ月後に死亡したことが波紋を呼んでいる。

公益通報者保護法（２０２２年改正法施行）は通報者の不利益取り扱いを禁止しているが、同様の事態は民間企業でも横行している。消費者庁が２０２３年に実施した調査では、公益通報者のうち約57％が「調査や是正が行われなかった」、約42％が「不利益な扱いを受けた」、約24％が「相談・通報が知られ、職場に居づらくなった」という。勇気を出して組織内の不正を正そうと告発しても、不正が正されず、告発者が報復を受けるのが実態であれば、企業がよくなるチャンスはない。国連作業部会最終報告書は、内部通報制度を導入していない企業が多いことを問題視し、「内部通報が尊重される環境を醸成するためには、報復を防止し、内部通報を行った人に報いる必要がある」（パラ25）と強調しており、各企業での対応が求められる。

苦情処理メカニズム自体も検証を

指導原則に基づく救済窓口や類似の窓口は、単に設置すればよいわけではない。日本では、人権侵害の被害者が救いを求めても、相談窓口で被害や人権侵害を認定されない例があまりにも多い。

例えば、宝塚歌劇団のパワーハラスメントの事案では、2023年9月に劇団員が自死したことを受け、外部の弁護士による調査報告書が11月に出され、ここではパワーハラスメント行為は確認できなかったとされた。しかし、遺族からパワーハラスメントを示す証拠が明らかにされ、その後2024年3月には運営側がパワーハラスメントを認めて遺族側と合意した。外部調査はいったい適正かつ十分に行われたのだろうか。

2024年には、日本競輪選手会に所属する30代の女性選手が、先輩選手から性行為を強要されたと訴えたのに対し、選手会は「調査の上でハラスメントではないと判断」したという。報道によれば、先輩選手は、キスやホテルに行った事実は認めているとされ、真摯な同意があったとの明確な証拠が確認できたうえでの判断なのか、疑問がある。2023年の刑法性犯罪規定改正で、不同意の性行為は性犯罪であることが明確にされており、刑法犯ではないハラスメント認定においても、行為者側に真摯な同意があったかがより厳密に問われる必要がある。ハラスメントや人権侵害を判断する側の認識がアップデートされているのか疑問がある。

消費者庁は、公益通報者保護法に基づく指針において、内部公益通報事案の事実関係の調査等を外部委託する場合には、「中立性・公正性に疑義が生じるおそれ又は利益相反が生じるおそれがある法律事務所や民間の専門機関等の起用は避けることが適当である」としており、これはビジネスと人権に関する調査においても重要である。それに加えて、性加害やジェンダーに基づくハラスメント等に関する調査は、その分野に精通した専門家が調査に関与することもないまま、「被害はない」と決めつけるようなことがあってはならない。

2023年、BPO放送人権委員会は、ローカル局の女性アナウンサーに対し、収録中に下ネタや性的な言動が繰り返し向けられていた事案で、被害者が苦痛に感じていることを訴えなかったと認定したうえで、「中立人の人格の尊厳を否定するような言動があったとはいえない」と人権侵害を否定した。しかし、人権侵害やいじめ、差別、ハラスメントは、弱い立場の被害者から声を上げられないことが多い。被害者が声を上げない限り人権侵害に該当しない、という趣旨の認定は問題がある。そのような論理がまかり通れば、声を上げにくい弱い立場の人はますます追い詰められるだろう。この決定には、表現の自由に関わる問題に関しては、人権侵害の判断は謙抑的であるべきだ、と記されているが、なぜだろうか。事案の性質に即し、ジェンダーの視点に配慮し、弱い立場の人に寄り添った人権の判断が求められる。

人権やジェンダーに配慮のない人権救済機関というのは形容矛盾であるが、実際に横行しており、救済に資するどころか有害である。まず、人権やジェンダーについて十分に理解した専門家を選任する、担当者の研修を強化するなど、抜本的な見直しが急務である。

終　章

社会は変えられる

1　ビジネスと人権がアジェンダになった

第1章から多くの企業が人権侵害に関与している事例を見てきた。いずれも深刻な問題ばかりであるが、率直に言って、多くの問題はこの数十年間ずっと存在してきた問題だ。「よくあること」「仕方がないこと」と流されてきたのだ。それが、ようやく光が当たってきたという見方もできる。

そもそも、国連ビジネスと人権に関する指導原則が採択される前は、企業に人権などない、セクハラを訴える人は「空気を読まないKY」、芸能界で人権を問題にするなど非常識、などといわれてきた。憲法には基本的人権が謳われているし、個々人に人権はあると思うけれど、そんな理想論は職場では通用しない、いったん就職したら「社畜」として生きていくしかないというあきらめは、広く日本を覆ってきたと思う。

2011年にビジネスと人権に関する指導原則が採択された後も、日本では「人権?」と警戒する企業が多かった。人権といえば「クレイマー」のように敬遠されてきた。

実は、筆者もこれまで、企業や投資家の集まりなどで、「環境だけでなく人権も持続可能性の問題ですよね？」などと発言すると、珍獣が紛れ込んだかのような塩対応をされたこともある。ユニクロ・サプライヤーの潜入調査を実施した際は「なぜわざわざ委託先の工場まで蒸し返して責任追及するのか？」と怖がられた。しかし、SDGsが採択され、ESGが推奨され、未曽有のコロナ危機を経験し、「持続可能性の中に人権も含めるべき」という考えが共感を呼ぶようになった。そして、今や、バリューチェーン全体で人権尊重に取り組むのはイロハのイになりつつある。さらに、ジャニーズ問題を契機に、人権問題は海外の限られた問題ではなく、私たちの足元の問題でもある、ということにようやく気づいた企業も多い。ビジネスと人権というアジェンダはもう後戻りできず、国も企業も進めるしかない。時代は変わったのだ。

さはさりながら、人権というレンズで、企業活動を改めて見直すと問題山積、というのが今の状況だろう。指導原則や各種ガイドラインで、企業が何をすればよいかは明らかになってきたのに、依然として「タテマエ」だけの対応をする企業は多い。しかし、「タテマエ」として掲げている以上、それを本物にせよ、と求めることは正当だ。そして、それを実現させる力は私たち一人一人にある。

おかしなルールにはNOと言おう

人権の話をすると、「でも人権とルールは違うのでは？」という質問を高校生からもらったことがある。人権は大事だが、それでもみんなで決めたルールには従わないといけない、というのだ。社会に出たら社会のルールに従うしかない。自分で決めて入社した会社、自分でサインした契約書や誓約書だから、たとえ人権が制約されても従うしかない、それが仕事だし、社会人の責任だという考え方だ。しかし、その理屈を悪用し、若いビジネスパーソンの人権を侵害してきた企業はたくさんある。例えば、新人は花見の場所取りをしないといけない、ひどいところでは「新人歓迎会での新人の一気飲み」はルールなのだと強要する。後者は明らかなパワハラである。

昔から定着している会社の独自のルール、慣習となっていることが、実際には労働法規に違反していることも多いので、チェックしてみてほしい。

また、ルールだから従わなければならない、と追い詰められた例のひとつがAV出演強要被害だ(第4章参照)。タレントにならない? などとだまされて契約書にサインしたのに、契約書には「どんな仕事でも言われたとおり応じなければ違約金を支払う義務がある」と書かれていた。それが重くのしかかり、AVの出演を迫られた時「自分の責任だから、仕事だから耐えないといけない。そうでないと違約金を請求されて家族が迷惑する」と追い詰められ、意に反してAVに出演させられた女性たちが後を絶たなかったのだ。そこから勇気を出して逃げた女性に裁判所が「違約金を払わなくていい」と判断したのは2015年、つい最近のことだ。この事案を筆者は担当したが、子どもの頃から「決まりは守るように」と理不尽なルールでも従うことを強要されてきた教育の犠牲だと痛感した。「どうして断れなかったの?」とよく質問されるが、それまでずっと決まり(校則など)を守るよう教えられてきたのに、大人になって急にNOと言うことは難しかっただろう。

タレントの「恋愛禁止ルール」も同様だ。このルールが幸福追求の自由に抵触する、と裁判所が認めたのも2016年になってからだ。「ルールは人権に反しても従わなければならない」「仕事だから人権を犠牲にしても当たり前」、それは間違っている。

私たちは過去に誰が決めたかわからないような理不尽なルールや掟の奴隷になる必要はない。

私たちは社会を変えられる

最近、一人一人が声を上げれば社会を変えられる、と実感できる出来事が増えている。ヒエラルキーが強固な日本社会だったが、SNSやオンライン署名などのオンラインツールが発展し、一人一人の違和感や声を社会に発信することで大きなムーブメントをつくることができるようになった。

2017年、米国に端を発した #MeToo 運動の影響を受けておきた日本の #MeToo 運動もそんな成功例の一つだと思う。

日本で #MeToo の声を上げたのはジャーナリストの伊藤詩織さんが最初だったが、その後、ビジネス界や映画界でも #MeToo の声を上げる人が増え、連帯の動きも進んだ。

2019年に性犯罪に関する4件の無罪判決が一斉に出たのを契機に、オンラインの呼びかけから日本全国各地で、性暴力被害者に連帯し、被害者に寄り添った刑法性犯罪規定の改正を求める「フラワーデモ」が開催されるようになる。

刑法性犯罪規定の改正を求めるオンライン署名も瞬く間に数万と集まり、2023年、刑法性犯罪規定は改正され、「不同意性交等罪」が導入されたのだ。最終的に新しい性犯罪規定の条文を考えたのは法務省だが、改正は、被害者や市民が主導し、その提案を反映したものになった。フラワーデモは2023年まで続き、オンライン署名も最終的には14万筆まで集まった。ジャニーズ性加害問題が表面化し、深刻な性加害の問題として取り扱われるようになったのも、こうしたムーブメントと無縁ではない。

雑誌『週刊SPA!』が2018年末に「ヤレる女子大学生ランキング」という特集を組んだ際、国際基督教大学の学生だった山本和奈さんをはじめとする学生が中心となって、オンライン署名サイト Change.org で「女性を軽視した出版を取り下げて謝って下さい」と署名を呼びかけ、瞬く間に5万もの署名が集まり、編集部は謝罪し、編集方針を変更した。これはジェンダーの問題であると同時に、出版業界におけるビジネスと人権の課題に関する改善例だ。

石川優実さんが「なぜビジネスシーンで女性だけがハイヒールを強要され、苦痛に耐えなければならないのか？」と提起した #KuToo という活動も、SNS上で大きな共感を呼び、企業行動にも変化をもたらす結果となった。これも実は「ビジネスと人権」の問題だ。

「苦しい」「おかしい」とタイムリーに声を上げれば、そして横につながり、共感を呼べば、社会は変えられる、そんな成功事例がたくさんでてくるようになった。

私たちが苦痛に感じる生きづらさの問題の原因に企業活動がどこかでリンクしていたら、それはビジネスと人権の問題なのであり、企業や産業界に指導原則に基づく対応を求めることができるのだ。私たち一人一人にとって切実な人権問題を可視化して声を上げ、問題解決に影響のあるアクターに働きかけることで影響力が行使されれば、事態は急速に大きく変わりうる。それが「ビジネスと人権」の論理を活用した問題解決法だ。

アクティブ・バイスタンダー

「アクティブ・バイスタンダー」という言葉がある。

性暴力や差別の場に居合わせた第三者で、被害を防止・軽減するために積極的に行動する人のことをいう。通りすがりの傍観者だから触らぬ神に祟《たた》りなし、という態度ではなく、第三者が「それセクハラですよね」「嫌がっていますよ」などと指摘し介入することで、人権侵害や性暴力を止めることが可能となる。こうした「アクティブ・バイスタンダー」の行動を奨励する取り組みは広がっている。

指導原則は、ある意味で、「アクティブ・バイスタンダー」と共通するスピリットがあると思う。特に、人権侵害が取引連鎖でつながっているところで起きた場合、「関係ない」「傍観者」とは言えないし、つながっているからこそ、より影響力を行使しやすいのだ。

そして、私たち自身も「アクティブ・バイスタンダー」として役割を果たすことができる。私たちは多くの場合、消費者として、また、視聴者、読者、ファンなどの立場で、ビジネスの取引連鎖の一部なのであり、多くの場合、「影響力のあるアクター」なのである。どんなビジネスも、ユーザーからそっぽを向かれてしまったら、成り立たない。私たちの声が結集すれば、ビジネスを変える大きな力となりうる。

実は私たち一人一人には、事態を変え、未来を変える力がある。私たちが影響力を発揮できることを一人一人がそれぞれの仕方で考えてみよう。

2　国は制度や仕組みを変える役割を果たすべき

ビジネスと人権に関わる諸問題を解決するためには、個々の企業の取り組みだけでは十分ではない。国がもっと役割を果たすべきだ。特に国には、人々の人権を守る仕組みやルールをもっと積極的につくることが求められる。

冒頭で説明したとおり、ビジネスと人権に関する指導原則のフレームワークの第一は国家の人権を保護する義務だ。2023年に来日した国連ビジネスと人権作業部会が、2024年6月に出した最終報告書では、数多くの日本政府への勧告が出されている(パラ85)。政府に対する勧告の多くは、第5章で、企業がするべきこと、として指摘してきたことと重なっている。日本のビジネスと人権の課題に、国こそが中心的な役割を果たすべき、とする国連作戦部会の呼びかけを政府は真剣に受け止めるべきだ。

そして何より、日本には人権のルールやインフラが整っておらず、国際的に認められた人権保障が実現していない。例えば、消費者保護や環境保護に取り組む省庁や担当大臣がいるのに、人権保護に取り組む省庁や担当大臣はいない。環境や男女共同参画に関しては基本法があり、数年ごとに策定され、実施される基本計画があるが、人権についてはない。「ビジネスと人権」に関しては国別行動計画(NAP)があるが、弱い立場の人のことをきちんと考慮しているのか疑問符が付く。

国連作業部会の最終報告書が勧告するとおり、日本はILO条約のうちハラスメントに関する条約など、当然批准すべき条約を批准していない。もっと問題なのは、人権条約の「個人通

ILO 条約第 29 号)」の 2014 年議定書,「原住民及び種族民条約(1989 年, ILO 条約第 169 号)」,「すべての移住労働者及びその家族の権利の保護に関する条約」並びに「女性に対するあらゆる形態の差別の撤廃に関する条約(女性差別撤廃条約)」,「あらゆる形態の人種差別の撤廃に関する国際条約(人種差別撤廃条約)」,「経済的, 社会的及び文化的権利に関する国際規約(社会権規約)」,「市民的及び政治的権利に関する国際規約(自由権規約)」及び「障害者の権利に関する条約(障害者権利条約)」の選択的議定書を批准すること

(i) 民間セクターにおける女性代表の義務的クオータ制の導入を含め, 男女間の賃金格差を是正するとともに, 指導的地位における女性の平等な登用を促進するために,「同一価値労働同一賃金の原則」を実現するための措置を強化すること

(j) 既存の差別禁止法を改正し, その包括性と実効性を高めるとともに, 明確かつ包括的な差別の定義を盛り込むことを含め, 差別を公的に禁止し, 制裁すること. また, 国際基準に沿って, 企業が就職選考において差別につながる可能性のある質問をすることを禁止し, 職場やオンラインにおけるセクシュアル・ハラスメントや暴力に対処する取り組みを強化することを含め, マイノリティに対する標的型差別に対処すること

(k) 雇用主に対して, 障害者に対する個別支援と合理的配慮の尊重と実施に関する包括的な研修を実施すること

(l) 障害者の社会への完全なインクルージョン・参加を促進するために, NAP などの公式文書において, 障害者のアクセシビリティを確保すること

(m) 国際人権基準に基づく技能実習生研修制度の改正において, 斡旋手数料の支払い廃止, 技能実習生を雇用する事業所における現場での人権研修の実施の義務化, 応募制度の簡素化, 転職の柔軟性の向上, 安全な労働条件及び適切な生活条件の確保, 日本語学習及び職業訓練の機会の提供, 日本法で義務付けられる同一価値労働同一賃金の実施など, 明確な人権保護制度を盛り込むこと

(n) 労働基準監督署などによる臨検調査を強化し, 強制労働及び人身売買の被害者の特定を強化すること

(o)「本邦外出身者に対する不当な差別的言動の解消に向けた取組の推進に関する法律(ヘイトスピーチ解消法)」の適用範囲を拡大し, 出身地や在留資格にかかわらず, 職場におけるヘイトスピーチや雇用機会に影響を及ぼす可能性のあるヘイトスピーチなどの問題に取り組むこと

(p) 政府機関と民間企業が, 先住民族の権利に関する国際連合宣言などの国際基準に従って, 先住民族の「自由意思による, 事前の, 十分な情報に基づく同意(FPIC)」の権利を守るようにすること

(q) 部落差別に関する調査を実施し, アイヌ民族の現状に関する包括的な調査を定期的に実施し, 関連するプログラムや政策をそれに応じて適合させること

(r) 差別のない雇用機会への平等なアクセス, 適正な賃金, 安全な労働条件を保障することを含め, 在留資格にかかわらず, 全ての労働者に労働法が適用されることに対する認識を高めること

(s) 公正な移行(ジャスト・トランジション)に向けた人権への考慮を念頭に置きながら, 気候変動への取り組みを強化すること

(t) 福島第一原子力発電所事故後の清掃活動に携わった人々の献身的な努力を評価し, 多重下請け構造を解消するための措置を講じ, 労働者に適切かつ遡及的な補償を確保し, 労働者の健康上の懸念を業務上の疾病として認識し, 安全な労働条件と正確な被曝記録を確保し, 被曝した労働者の継続的な健康診断とケアを保障すること

(u) 福島第一原子力発電所から放出された水の処理に関する全ての情報を引き続き公開すること

(v) PFAS の暫定目標値が最新の科学的証拠に基づき, 環境基準に適合していることを確保すること等により, 水供給における PFAS の存在と人々への影響に対処すること

(w) 開発協力大綱及び関連する政府開発援助政策に, 国連指導原則, NAP 及びガイドラインの明確な言及を組み込むこと

(x) 人権デュー・ディリジェンスのために「子どもの権利とビジネス原則」の利用を促進すること

(y) 国連指導原則に沿って, 責任ある撤退に関するガイダンスを企業に提供すること

パラ 85

(a)「ビジネスと人権」に関する行動計画(NAP)を見直す際,

(i) リスクにさらされているコミュニティが経験しているビジネスに関連した人権侵害に特別な注意を払うこと

(ii) 作業部会が過去に示したガイダンスに沿って,救済へのアクセスや企業の説明責任を強化すること

(iii) ビジネスと人権政策のギャップ分析を含めること

(iv) 進捗状況を測定・評価するための明確な責任所在,計画実施期間及び人権指標の特定を含めた実施方法を明確化すること

(v) 計画実施中の進捗状況の測定・評価において,被害者や市民社会関係者を含むステークホルダーの有意義な参加を確保するための効果的なメカニズムを構築すること

(b) 国連指導原則及び NAP に関する研修及び啓発活動を継続すること

(c)「責任あるサプライチェーン等における人権尊重のためのガイドライン」について,

(i) 公的資金で支援されている事業を含め,エンドユース段階でのリスクや影響を明確に対象とすること

(ii)「人権」の定義を深め,環境への影響や国際文書を包含すること

(iii) 人権デュー・ディリジェンスの一側面として,環境・気候変動への影響を明示的に考慮すること

(d) 関係するステークホルダーと協議のうえ,人権デュー・ディリジェンスを義務付ける国内法を採択すること

(e) 特に,企業に対し,司法・非司法的苦情処理メカニズムへの全面的な協力と立証責任の転換を求め,人権基準に関する体系的かつ有意義な報告を要求し,被害者の救済へのアクセスを確保すること

(f) 公務員,司法関係者,立法者を含む社会のすべての関係者の間で指導原則に関する認識を高め,ビジネス関連の人権侵害を保護し,調査し,処罰し,救済するそれぞれの義務を果たす能力構築をすること.そのために十分なリソースを確保すること

(g) 本報告書で特定された障壁を取り除くことで,司法・非司法的救済へのアクセスを改善し,ビジネスと関連した人権侵害を受けた全ての被害者に対し,以下の内容を含む,効果的な保護と支援を確保すること

(i) 日本司法支援センター(法テラス)の認知度を高めること

(ii) 効果的な救済へのアクセスや企業の責任を一層促進するため,人権の促進と保護のための国内機関の地位に関する原則(パリ原則)に沿って,堅固で独立した国内人権機関を遅滞なく設立すること.この機関は,民事的救済の提供,啓発,ビジネスと人権に関する能力構築及び人権擁護者の保護など,人権侵害に対処するための明確な権限及びリソースを有するべきである.また,他国の国内人権機関や OECD 連絡窓口(NCP)との緊密な協力関係を構築すべきである

(iii) 救済へのアクセスを容易にするために人権オンブズパーソンを創設すること

(iv) 国外の管轄区域で人権を侵害されたステークホルダーに対す NCP の権限及び手続に関する認識を高めることを含め,意義のある救済を実現するために,OECD 連絡窓口(NCP)の認知度,制度的能力及び専門性を高めること

(v)「責任ある外国人労働者受入れプラットフォーム」の認知度を高め,日本における外国人労働者コミュニティにおいて信頼を構築するための努力を継続すること

(vi)「公益通報者保護法」の次回の見直しの際に,自営業者,請負業者,サプライヤー,労働者の家族や弁護士への適用,内部通報者に報復する企業への制裁の確立,内部通報者への金銭的インセンティブその他類似の報奨制度の提供などを通じ,内部通報者保護を更に強化すること

(h)「雇用及び職業についての差別待遇に関する条約(1958 年,ILO 条約第 111 号)」,「職業上の安全及び健康に関する条約(1981 年,ILO 条約第 155 号)」,「強制労働に関する条約(1930 年,

報制度」（第1章参照）を受諾するための「選択議定書」を批准していないことだ。世界の多くの国はこの制度を受諾する選択議定書を批准し、実際に多くの被害者が国連の人権条約機関の判断に基づき権利救済を受けている。日本はこうした制度を頑として導入しないため、私たちは国際水準の人権保障を受けられないのだ。

国内人権機関の設立は喫緊の課題

日本には、政府から独立した人権擁護機関である「国内人権機関」（はじめに、第2章参照）も存在しない。国連作業部会最終報告書は政府に対し、「遅滞なく」設立するよう強く求めている（パラ85）。

国内人権機関の役割には、①国が批准をした人権条約の実施を推進し、立法や行政に提言を行うこと、②官民に広く人権の啓発・教育を行うこと、そして重要な役割として、③人権侵害の調査・救済がある。個人の人権侵害救済申立てを受けて独立した調査を行い、人権侵害の有無を認定し、国・行政・民間に是正を勧告し、被害を救済する役割だ。日本は、国連の人権条約機関から何度もこの機関を創設するよう勧告されながら実現を怠ってきた。その間、国内人権機関の活動で人権救済が進み、人々の人権意識や政策が前進した例は世界各地にある。このような人権救済や人権政策を強力に推し進める推進力を欠いているため、日本の人権状況は1

990年代以降、他国に追い抜かれ続けている。例えば、韓国では23年前に設置された国内人権機関に17万余の申立てがあり、政府は委員会の勧告の9割を受け入れ、是正が進んだという。公権力やビジネスが弱者を虐げて、人々から希望を奪う悪循環を終わらせるために、世界で推奨される人権保護の仕組みを日本でも構築する、そんな議論を真剣に進めるべき時に来ている。

包括的差別禁止法が必要

さらに、国連からの重要な勧告は、包括的な差別禁止法の制定である。第5章にも記載したとおり、日本にも差別やマイノリティ保護に関する法律が制定されているが、雇用やヘイトスピーチ等、ごく限られた場面やテーマでの差別の禁止・解消を規定し、あるいは単に「理解増進」を求めるにとどまり、すべてのマイノリティのあらゆる差別に対処するものではない。

世界の多くの国で今、包括的な差別禁止法が制定されており、この点でも日本は後れている。国連作業部会最終報告書は、リスクにさらされたグループに対する差別と不平等の構造を完全に解体することを強く勧告している（パラ84）。すべての差別から誰もが保護される立法が必要だ。

働く人を守るために

誰もが雇用形態にかかわらず、普通に働いて普通に人間らしい安定的な生活のできる権利を目指す、ディーセントワークを強化する法規制、最低賃金をせめて一律1500円に引き上げることは喫緊の課題だ。

現代奴隷と指摘されてきた技能実習制度は、2024年の法改正で、「育成就労制度」に移行することになったが、国連作業部会が指摘した改善点はほとんど反映されず、今後の運用に委ねられた。送出機関は依然として斡旋手数料を徴収でき、送出国の法定手数料を超える場合に受け入れ企業が超過分を負担する仕組みが採用されたに過ぎない。手数料を徴収しない国からのみ受け入れる方針を明確にし、強制労働となりうる懸念を払拭するイニシアティブが求められている。

民間セクターにおける女性代表の義務的クオータ制の導入も早急に実現する必要がある。ほかにも、セクシュアル・ハラスメントに関するもっと実効性のある法規制、エンターテインメントに関わる人々の権利を守る法律、フリーランスをより実効的に守る法改正等、課題はたくさんある。もっと人権を守るための法律があれば、もっと私たちが活用できるはずだ。

企業に「責任」ではなく「義務」を

企業が「タテマエ」ではなく、本気でビジネスと人権の問題に取り組むために、人権・環境デュー・ディリジェンス実施を義務化する法律を日本でも制定することが重要だ。２０２４年の国連作業部会最終報告書は、「強制力の無いガイドラインを補完するために義務的な人権デュー・ディリジェンス施策を採用すること」を強く推奨している（パラ11）。

第3章に書いたとおり、企業に対して人権尊重の具体的で明確な法的義務を課さないままでは、企業が実効性のない施策を続け、私たちを取り巻く差別や人権侵害の課題が是正されない可能性がある。欧州の経験に学び、明確で具体的な義務を企業に課し、企業の実施状況を政府が監督する体制を確立することが、日本のビジネスと人権の状況を改善するために求められる。

法律を制定することは、国の義務と監督権限をよりよく果たし、企業の人権への取り組みを支援するためにも重要だ。すでに、諸外国は理念法や、開示法制を超えて、企業にデュー・ディリジェンス実施を法的に義務づけ、国による監督体制を整備しつつある。周回遅れの理念法や開示法制ではなく、国際水準の法律を制定する必要がある。

そして、誹謗中傷やヘイトスピーチから人々を守るため、オンライン関連企業をより効果的に規制する立法等も求められる。日本でも「特定電気通信による情報の流通によって発生する権利侵害等への対処に関する法律」が、大規模プラットフォームの規制に乗り出したが、ＥＵ並みの強い規制とはまだ開きがある。ＡＩによる差別や人権侵害を防止する法律も重要となる。

国際水準の人権保障のルールを国が整備することは、日本全体を生きやすく持続可能なものにすることにつながる。ビジネスにとっても、人権を無視した競争環境でみんなが苦しむのではなく、人権や持続可能性を尊重するルールを確立したうえでの公正な競争環境を作ることができるからだ。

日本で始まった #MeToo 運動の結果、刑法性犯罪規定の改正が実現したことを紹介したが、多くの人が望み、行動すれば、国のルールを変えることも可能だ。

そして、それは企業行動や社会全体に大きなインパクトがあるだろう。

私たちは有権者として、もっとこんな法律や仕組みが必要だと声を上げていいはずだ。

3　私たち自身の未来を変えるために

グローバル・サプライチェーンで起きている人権侵害は遠いことでも、私たちと隔絶されたことでもない。世界のどこかで過酷な労働があり、その結果として私たちの生活が成り立っている状況に100%ハッピーな人はいないだろう。それに、グローバル化が進み、競争が激化する今日、こうした過酷労働を「経済や産業のために仕方ない」と容認してしまえば、次は私たちの労働条件も切り下げられる。アジアの工場で過酷な労働が許されるなら、日本でも許されていいのではないか？　人をいくらでも搾取して、踏み台にして、使い捨て、利潤を得るという構造を容認してグローバル展開する企業は安易にそういう発想に立つだろう。

日本の「グローバル・サウス化」

事実、日本では、そうした現象が広がりつつある。日本人の多くが非正規雇用や、労働者の地位も保障されないギグ・ワーカーとして、持続可能な未来を描けない不安定労働の現場で苦しんでいる。２０００年代初頭から、労働者を守る労働法の規制が大胆に緩和され、若い人たちはまるで燃料のように使い捨てにされるようになり、中高年の人たちも低賃金の不安定雇用に苦しむ時代になった。こうした現象は、先進国の中での「グローバル・サウス化」といわれている。世界のどこかで起きている犠牲、そして日本で密かに進む犠牲を容認すると結局、自分たちの未来も奪われてしまう。

ただ、女性や子どもなどマイノリティの視点に立てば、「グローバル・サウス化」は、はるか昔から変わりなく続いてきた。国連ビジネスと人権作業部会は、「女性、高齢者、子ども、障害者、先住民族、そして、被差別部落出身者、技能実習生、移住労働者、ＬＧＢＴＱＩ＋の人々を含むマイノリティ・グループといったリスクにさらされているグループに対する不平等と差別の構造」を指摘した（パラ84）。１カ月に満たない調査でそのことを喝破したというのは、驚くほど差別が溢れていて、しかもそれが「仕方がないこと」として日常化しているからだ。女性やマイノリティは一貫して差別され、人権をないがしろにされてきたのだ。

「私は差別されたことなんてない」という女子学生がいるかもしれない。しかし、社会に出てみると空気は一変するだろう。就活セクハラ、企業内でもセクハラやハラスメント、起業をしようとしてもセクハラや性加害を受け、失意のうちに静かに業界を去っていく女性たちや被害者の声は、なかなか社会に響かない。しかし、いつも日本の経済の実権を握る経営者や各界の成功者が男性ばかりなのは自然現象ではない、厳然たる構造的差別があるのだ。

声を上げても相手にされない、そんな無力感をマイノリティに強いる社会構造のなかで、差別は見えにくくされ、構造化され、空気のように固定化され、ビジネスの現場で増幅され、弱い立場の人を苦しめる。だからこそ、声を上げた人の勇気をみんなで支え、その声を社会課題としていっしょに実現していくことを、一つまた一つと増やすことで、構造を変えていくことが大切だ。

企業任せでは「ビジネスと人権」は危うい

最近、欧米や日本の大企業は指導原則に基づく人権の取り組みを進めているが、その取り組みそのものが、新自由主義的で植民地主義的ではないか、という批判がある。

日本に限らず、グローバル企業のウェブサイトや報告書などには、格調高い人権方針が掲げられ、様々な取り組みが紹介されている。しかし、実際には、取引連鎖における力関係や搾取構造が変わらず、低価格や厳しい納期などを下請けや委託先に押し付けたまま、表面的に「人権」の取り組みをしているのではないか、という批判だ。実際、世界の富の偏在は年々拡大して、強者が富を独占し、弱者がますます苦境に置かれている。

２０１７年、国際ＮＧＯオックスファムが公表した貧富の格差に関する報告書によると、世界で最も裕福な８人の資産額が４２６０億ドル（約48兆７０００億円）で、世界人口73億５０００万人の半分の経済的に恵まれていない人たちの資産の合計額とほぼ同じである。１９８８年から２０１１年にかけ、下位10％の人たちの収入は年平均３ドルも増えていないのに対し、上位１％は１８２倍になったとしていた。ところが、２０２４年１月のオックスファムの報告書は、「世界で最も裕福な５人」が２０２０年以降、資産合計額を４０５０億ドル（約59兆円）から８６９０億ドル（約１２６兆円）へと約２・１倍に増加する一方、世界人口の６割を占める貧困層約48億人の資産は０・２％減少し、極端な格差はさらに悪化したと警告した。

何かがおかしい。人権の取り組みは、こうした格差拡大に歯止めをかけ、格差を是正する取り組みでなければ、その意味が真剣に問われることになるだろう。人間らしい仕事ができる環境や十分な経済的な対価を保障しなければ、結局、グローバル・バリューチェーンの末端にいる人々の苦境は変わらない。

99%の人たちのために、経済構造が変わる必要がある

グローバル・バリューチェーンがきわめて複雑で多層的になった現代の経済のシステムのもと、輸送・流通・倉庫やその管理に膨大な人件費とエネルギーがかけられ、「実際に働いて物を作っている人」にはほとんど報酬が支払われないという病的現象が起きている。

例えば、縫製産業を例にとると、1枚の服を作るのに、生産ラインは平均的に地球を1・5周し、国境を越える重層的な取引連鎖・下請け構造のために、服を作った労働者には販売価格の約6%しか報酬が支払われないという(花沢 2022)。衣服の発注は「1枚いくら」という単価(Piece Rate)で行われ、とても低水準に据え置かれる。サプライヤーは「生かさず殺さず」の状態に置かれて自転車操業になり、残業代も払いたくない、エアコンを買うお金もない、労働安全衛生に振り向ける精神的ゆとりも経済的余裕もない、ということになる。

これは途上国だけの話ではない。2021年の米CBSの報道によれば、カリフォルニア州ロサンゼルスの縫製工場は、ブランド企業から1枚あたり5〜6セントの発注価格を押し付けられた結果、最低賃金法違反に問われたという。労働者がカリフォルニア州の最低賃金である時給15ドルを稼ぐには、1時間に300枚を仕上げる必要がある。しかしそれは不可能で、労

働者には出来高払いで1時間に換算すると2・68〜5・85ドルしか支払われなかったというのだ。ロサンゼルスにも数えきれないくらいの現代奴隷がいたのだ。こうした事態を受け、カリフォルニア州では世界に先駆けて、縫製労働者保護法を制定し、「1枚いくら」での低価格で労働者を搾取することは禁止され、違反した場合、雇用者だけでなく発注者やブランドも責任を負うことになった。しかし、このような取り組みは始まったばかりだ。

貧富の格差や低賃金という構造的な問題を変え、誰もが人間らしく働ける経済構造に転換するためには、大企業の「買い叩き」をウォッチし、企業による発注価格や公正な取引条件に関する説明責任を果たさせる法規制や市民の監視が必要だと思う。

そもそも、服を作って売るために、商品が世界を駆けめぐる間に、大量の温室効果ガスが発生し、莫大なカーボンフットプリント（商品やサービスの原材料調達から廃棄・リサイクルに至る過程を通して排出される温室効果ガスの排出量）が生じる。取引連鎖を絞り込んでショートカットし、生産者の顔の見える経済に変え、生産者に正当な報酬が支払われるようにすることは、温室効果ガスの削減と人間の尊厳を大切にする労働のあり方につながる。

さらにアパレルを見ると、服の大量生産、大量消費、大量廃棄という悪魔のサイクルの再考が求められる。巨額の資金を投じた企業広告とマーケティングは、若者を「今年流行のあの服を着てみんなに追い付かなければ自分には価値がない」かのような無意味な切迫感に駆り立てて消費に向かわせ、1シーズンしか着ない服は途上国に大量に廃棄され、公害問題を生み出す。このようなビジネスモデルは、全く持続可能ではなく、あちこちに不幸とひずみ、人間性の否定を生み出している。

グローバルな活動をする企業は、旧態依然としたビジネス構造を変革する必要がある。私たちは、本当に持続可能で人間性が尊重された、格差のない公平な社会をつくれるか、という観点から、ビジネスと人権に関する企業の動向をウォッチし、声を上げる必要がある。そして、すべてのビジネスは消費者なくして成り立たない。私たちは児童労働や搾取労働で作られ、貧富の差を拡大し、環境を破壊する製品を買いたくない、そうしたビジネスに与しない、という声を大きくすることで、企業の行動変容を迫ることができる。戦争に加担する企業の商品をボイコットすることで、戦争で利益を得るビジネスの勢いをそぐことも可能だ。私たちは、お金の流れを変え、未来を変えることができる。

ポジティブな変化を促す

企業を批判するキャンペーンだけではなく、ポジティブな変化をもたらす戦略も考えてほしい。身近なところでは、企業にエシカルな取り組みを促すような前向きなメッセージを送ったり、「この商品が好きだからエシカルであってほしい」という思いを投稿することも、企業担当者に響くことがある。企業の中で、がんばっている社員がいるかもしれない。私たちのメッセージはそうした「内なる勇気」を後押しすることになるだろう。問題企業の提携銀行や投資家にレターを送って、対応を促すことも、実はとても効果的だ。

さらにポジティブなのは、自分たちの運動に企業を巻き込むことだ。LGBTQI＋の権利の実現を目指すレインボーパレードには、毎年企業が参加し、協賛している。児童労働の根絶に取り組むキャンペーンにも多くの企業が賛同している。

企業に就職した若い世代には、是非、新しい消費者の変化、人権やジェンダーに関する若い世代の価値観などを、様々な機会に発言してほしい。一人で言うのは勇気がいると思うが、同時多発的にいろんな新入社員、若手社員が声を上げれば、会社の価値観に変化をもたらすことができるだろう。総務や人事、サステナビリティの部門に配属されたら、人権の研修や、人権方針の策定、指導原則に基づく取り組みを提案してほしい。

少数でも気になる企業の株を買って、株主として発言権を得ることも考えられる。気候変動問題で、環境団体に所属する若者たちが株主になり、株主提案をしたり、企業と対話や協議の機会を持っていると聞く。特に、銀行のように大きな投融資の方針を決定する影響力のあるセクターで、株主として市民が発言権を得ることは、日本の企業行動全体を前に進めるだろう。

第5章に書いた様々な企業の取り組みは、主に大企業を想定しているが、大企業でないからこそできることもある。今の経済構造を変革する新しいビジネスモデルを立ち上げる若い世代の挑戦に期待したい。例えば、ニューヨークで活躍する起業家の花沢菊香《きっか》さんは、様々なブランドを立ち上げているが、バリューチェーンを最短化する取り組みの一環として、ファッションデザインや型紙をデジタル化するライブラリーを立ち上げた。前述したファッション産業の複雑化する取引連鎖のもとで作り手が搾取される一方で、カーボンフットプリントが最大化される構造を変えるための先駆的な試みだ。教員の方は是非、「ビジネスと人権」の発想を若い世代に広めてほしい。

そして自分の所属する業界団体や自分のポジションで、何か指導原則に基づいてできることがないか探してほしい。人権やハラスメント根絶など、一つの宣言や方針を提案するところから対話が始まり、救済窓口が立ち上がれば、今まで苦しんできた人の救済につながるかもしれない。

相次ぐ映画業界での性加害の告発を受けて、作家の山内マリコさんと柚木麻子さんを中心とする人気作家たちが、2022年4月、「映画産業の性暴力・性加害の撲滅を求めるステートメント」を公表した。賛同者として、西加奈子、湊かなえ、村山由佳、山崎ナオコーラ、三浦しをん、唯川恵(敬称略)ら多くの人気作家が名前を連ねている。その声明を引こう。

映画界が抱える問題は、出版界とも地続きです。

映画制作の場が、これほど性加害を生みやすいことが周知された今、環境そのものを大きく変えてゆく必要があるのではないでしょうか。二度とこのような事態が起きないよう、私たちも、契約の段階から、適切な主張をしていきたいと思います。今後、万が一被害があった場合は、原作者としてしかるべき措置を求めていけるよう、行動します。また、このことについての理解と協力を、出版業界にも求めます。

私たちは物語を安心して委ねられる映画業界を望みます。

作家には、自分たちの作品を使った映画が、性加害を発生させない環境で作られることを求める権利があり、影響力を行使しうる立場にある。画期的な呼びかけだと思う。

2024年9月、作家の桐野夏生さんを会長とする日本ペンクラブは、女性作家委員会（吉田千亜委員長）のイニシアティブのもと、性暴力とハラスメントの根絶を求めるステートメントを発表した。

私たち、文芸・ジャーナリズム・アカデミズム等の世界で表現・創作・出版活動にたずさわる者たちは、社会通念や人々の意識が大きく変わった現代において、あらゆる差別、精神・肉体・性へのいかなる暴力、いかなるハラスメントも許されるものではないと考え、根絶に取り組んでいくことを宣言します。

宣言を実効性のあるものにするためには、日本の出版ビジネスも、人権を尊重する意識や仕組みを、国際基準を満たすレベルに引き上げることが急務と考えます。国連ビジネスと人権作業部会の報告書をはじめ、訪日調査で得られた結果や課題の解決に向け、国内人権機関設立などの可能性を見据え、日本社会が具体的な一歩を踏み出す必要があると考えます。

作家は、日本の出版、印刷、映画、演劇などのエンターテインメント、放送などの各種メディア、広告宣伝業界、そして読者に至る、長い長い取引連鎖の一部であり、その行動は日本のカルチャーに関わる産業全体、そして日本のカルチャー全体を変える影響力がある。様々な業界団体と対話やエンゲージメントを重ね、人権を大切にしないカルチャーを、人権を大事にするカルチャーへと変えることを期待したい。

こうした一つ一つの取り組みの積み重ねによって、人権をないがしろにする社会に地殻変動をもたらせるかもしれない。指導原則を活用し、日本でも市民の多くの声が企業行動を変え、社会を変えることを期待する。

あとがき

本書は、一般の方にはなお縁遠いであろう「ビジネスと人権」という考え方と意義、その大いなるポテンシャルを、一人でも多くの方に知って活用いただくことで、この世界をより生きやすい場所に変えるきっかけになればと思い、執筆した。「ビジネスと人権」は、自分や大切な人を守るのに役立つツールだ。この視点を様々な社会課題の取り組みにプラスすることで、既存の枠組みの限界を突破できると確信する。

世界を覆う武力紛争や、気候変動、貧富の格差、排外主義、差別や性暴力といった問題には、実に多くのビジネスが加担している。その現実やからくりを明らかにし、多くの人(企業内部の人を含め)が意思をもってそれぞれ声を上げ、「ビジネスと人権」の論理を使えば、企業行動を大きく変え、「国」さえ動かし、理不尽な現実を変えることができる。そんな実例を多く見てきた。ビジネスのエンドユーザーである私たちは、世界と日本で起きる人権侵害にとって無力な存在ではない。未来を創る主導権は、私たち一人一人にあると確信する。

しかし、本書執筆中もガザでは夥しい民間人が虐殺され、米国ではトランプ政権復活が決まった。世界は理性を失い破局に向かうのでは、という気持ちにもなる。そんな中、「たとえ明日世界が滅びても、今日私は林檎の木を植える」という言葉を思い起こす。林檎の木を植える人が増えれば、世界は滅びず、誰もが尊重される社会の土台を築ける、そのことを切望する。

本書は早稲田大学博士課程での研究と、筆者の弁護士・NGO活動の実体験に多くを負っている。須網隆夫先生はじめ指導教授の方々、薬師寺公夫先生、ヒューマンライツ・ナウの仲間たち、活動を通して出会った友人、特に女性たち、様々協力いただいた吉沼啓介さん、大橋佳美さん、事務所スタッフ、家族にも心よりの感謝を表したい。岩波ジュニア新書『人権は国境を越えて』に続く執筆の機会をいただいた岩波書店の島村典行さん、大山美佐子さんに感謝申し上げたい。

編集担当の島村さんには終始貴重なアドバイスをいただき、お世話になった。

最後に、勇気を出して声を上げるすべての人々に心からの敬意をここに表明する。

二〇二五年一月

伊藤和子

岩波新書新赤版一〇〇〇点に際して

ひとつの時代が終わったと言われて久しい。だが、その先にいかなる時代を展望するのか、私たちはその輪郭すら描きえていない。二〇世紀から持ち越した課題の多くは、未だ解決の緒を見つけることのできないままであり、二一世紀が新たに招きよせた問題も少なくない。グローバル資本主義の浸透、憎悪の連鎖、暴力の応酬——世界は混沌として深い不安の只中にある。

現代社会においては変化が常態となり、速さと新しさに絶対的な価値が与えられた。消費社会の深化と情報技術の革命は、種々の境界を無くし、人々の生活やコミュニケーションの様式を根底から変容させてきた。ライフスタイルは多様化し、一面では個人の生き方をそれぞれが選びとる時代が始まっている。同時に、新たな格差が生まれ、様々な次元での亀裂や分断が深まっている。社会や歴史に対する意識が揺らぎ、普遍的な理念に対する根本的な懐疑や、現実を変えることへの無力感がひそかに根を張りつつある。そして生きることに誰もが困難を覚える時代が到来している。

しかし、日常生活のそれぞれの場で、自由と民主主義を獲得し実践することを通じて、私たち自身がそうした閉塞を乗り超え、希望の時代の幕開けを告げてゆくことは不可能ではあるまい。そのために、いま求められていること——それは、個と個の間で開かれた対話を積み重ねながら、人間らしく生きることの条件について一人ひとりが粘り強く思考することではないか。その営みの糧となるものが、教養に外ならないと私たちは考える。歴史とは何か、よく生きるとはいかなることか、世界そして人間はどこへ向かうべきなのか——こうした根源的な問いとの格闘が、文化と知の厚みを作り出し、個人と社会を支える基盤としての教養となった。まさにそのような教養への道案内こそ、岩波新書が創刊以来、追求してきたことである。

岩波新書は、日中戦争下の一九三八年一一月に赤版として創刊された。創刊の辞は、道義の精神に則らない日本の行動を憂慮し、批判的精神と良心的行動の欠如を戒めつつ、現代人の現代的教養を刊行の目的とする、と謳っている。以後、青版、黄版、新赤版と装いを改めながら、合計二五〇〇点余りを世に問うてきた。そして、いままた新赤版が一〇〇〇点を迎えたのを機に、人間の理性と良心への信頼を再確認し、それに裏打ちされた文化を培っていく決意を込めて、新しい装丁のもとに再出発したいと思う。一冊一冊から吹き出す新風が一人でも多くの読者の許に届くこと、そして希望ある時代への想像力を豊かにかき立てることを切に願う。

（二〇〇六年四月）

伊藤和子

東京都生まれ．1989年，早稲田大学法学部卒業．1994年弁護士登録(東京弁護士会)．2004-05年，ニューヨーク大学ロースクール客員研究員．2023年早稲田大学大学院法学研究科 Ph. D. 取得(法学博士)．2006年，国際人権 NGO ヒューマンライツ・ナウの創設に関わり，以後事務局長，2021年より副理事長．ミモザの森法律事務所所属弁護士，慶應義塾大学大学院法務研究科非常勤講師，国際人権法学会理事，ジェンダー法学会理事，核兵器廃絶日本 NGO 連絡会共同代表，WWF ジャパン評議員．
著書―『人権は国境を越えて』(岩波ジュニア新書，2013年)，『なぜ，それが無罪なのか⁉――性被害を軽視する日本の司法』(ディスカヴァー・トゥエンティワン，2019年)，『ファストファッションはなぜ安い？』(コモンズ，2016年)など．

ビジネスと人権
――人を大切にしない社会を変える　岩波新書(新赤版)2052

2025年2月20日　第1刷発行

著　者　伊藤和子《いとうかずこ》

発行者　坂本政謙

発行所　株式会社 岩波書店
〒101-8002 東京都千代田区一ツ橋 2-5-5
案内 03-5210-4000　営業部 03-5210-4111
https://www.iwanami.co.jp/

新書編集部 03-5210-4054
https://www.iwanami.co.jp/sin/

印刷・理想社　カバー・半七印刷　製本・中永製本

ISBN 978-4-00-432052-4　　Printed in Japan

参考文献／資料

全般および，はじめに

【文献】

Bernaz, Nadia (2017)　*Business and Human Rights: History, Law and Policy-Bridging the Accountability gap*, Routledge.

De Schutter, Olivier (2006)　*Transnational Corporations and Human Rights*, Hart Publishing.

伊藤和子(2023)　「「ビジネスと人権」に関する国際法の課題と発展――国境を越える企業活動による人権侵害の防止と救済を中心に」.

クライン，ナオミ(2009)　『ブランドなんか，いらない(新版)』松島聖子訳，大月書店.

日本弁護士連合会国際人権問題委員会編(2022)　『詳説ビジネスと人権』現代人文社.

ラギー，ジョン・ジェラルド(2014)『正しいビジネス――世界が取り組む「外国籍企業と人権」の課題』東澤靖訳，岩波書店.

【国連・国際機関文書】

Human Rights Council (2011)　Guiding Principles on Business and Human Rights: Implementing the United Nations "Protect, Respect and Remedy" Framework, A/HRC/17/31, Annex. 日本語訳「ビジネスと人権に関する指導原則：国際連合「保護，尊重及び救済」枠組実施のために」(翻訳：サステナビリティ日本フォーラムとアジア・太平洋人権情報センター(ヒューライツ大阪)，校閲：国連広報センター「国連決議・翻訳校閲チーム」).

UN Working Group on Business and Human Rights (2021)　Guiding Principles on Business and Human Rights at 10: taking stock of the first decade, A/HRC/47/39. 日本語仮訳　国連ビジネスと人権作業部会「UNGPs 10＋ビジネスと人権の次の 10 年に向けたロードマップ」(仮訳：グローバル・コンパクト・ネットワーク・ジャパン，校閲：ビジネスと人権リソースセンター).

UN Working Group on Business and Human Rights (2021)　UN Guiding Principles on Business and Human Rights 10th anniversary, 16 June 2021 UN human rights standards for business reach 10-year milestone: time to gear up for new decade of action. 国連ビジネスと人権作業部会訪日調査，2023 年 7 月 24 日～8 月 4 日ミッション終了ステートメント，東京(2023. 8. 4).

UN Working Group on Business and Human Rights (2024)　Visit to Japan - Report of the Working Group on the issue of human rights and transnational corporations and other business enterprises, A/HRC/56/55/Add.1. 「訪日調

査 人権及び多国籍企業並びにその他の企業の問題に関する作業部会の報告書」(仮訳 HRN).
【ウェブサイト】
Working Group on Business and Human Rights　https://www.ohchr.org/en/special-procedures/wg-business

第 1 章

【文献】
Alston, Philip (ed.) (2005)　*Non-state Actors and Human Rights*, Oxford University Press.
Nowak, Manfred (2017)　*Human Rights or Global Capitalism: The Limits of Privatization*, University of Pennsylvania Press.
Zerk, Jennifer A. (2006)　*Multinationals and Corporate Social Responsibility: Limitations and Opportunities in International Law*, Cambridge University Press.
伊藤和子(2016)　『ファストファッションはなぜ安い？』コモンズ.
伊豫谷登士翁(2021)　『グローバリゼーション――移動から現代を読みとく』筑摩書房.
岩沢雄二(2020)　『国際法』東京大学出版会.
岡田広行(2024.4.21)　「日本人の食生活に入り込む「海の奴隷労働」の実態　タイの人権活動家が語る，過酷すぎる漁の現場」東洋経済オンライン.
サッセン，サスキア(2017)　『グローバル資本主義と〈放逐〉の論理――不可視化されゆく人々と空間』伊藤茂訳，明石書店.
白土圭一(2009)　『ルポ 資源大陸アフリカ――暴力が結ぶ貧困と繁栄』東洋経済新報社.
申惠丰(2016)　『国際人権法――国際基準のダイナミズムと国内法との協調(第 2 版)』信山社.
スティーガー，マンフレッド・B. (2010)　『新版 グローバリゼーション』櫻井公人他訳，岩波書店.
スティグリッツ，ジョセフ・E. (2002)　『世界を不幸にしたグローバリズムの正体』鈴木主税訳，徳間書店.
華井和代(2019)　「コンゴ民主共和国における紛争鉱物問題の現状と課題」『国際問題』682 号.
藤田早苗(2022)　『武器としての国際人権――日本の貧困・報道・差別』集英社.
南博・稲場雅紀(2020)　『SDGs――危機の時代の羅針盤』岩波書店.
【国連・国際機関文書】
世界人権宣言 Universal Declaration of Human Rights (1948).

世界人権会議ウィーン宣言及び行動計画 Vienna Declaration and Programme of Action (1993).
国内機関に関する原則(パリ原則) Principles relating to the Status of National Institutions (The Paris Principles) (1993) General Assembly resolution 48/134.
労働における基本的原則及び権利に関する ILO 宣言　ILO Declaration on Fundamental Principles and Rights at Work (1998 年採択, 2022 年改訂).
多国籍企業及び社会政策に関する原則の三者宣言 Tripartite Declaration of Principles concerning Multinational Enterprises and Social Policy (2022 年最新改訂).
先住民族の権利に関する国際連合宣言　United Nations Declaration on the Rights of Indigenous Peoples (2007)　A/RES/61/295.
ILO Global Estimate of Forced Labour: Results and methodology (2012).
Alston, Philip (2019)　Climate change, extreme poverty and human rights: Report, A/HRC/41/39.
持続可能な開発のための 2030 アジェンダ Transforming our world: the 2030 Agenda for Sustainable Development (2015)　A/RES/70/1.
気候変動に関する政府間パネル(IPCC)「1.5 度特別報告書」"Special Report" Global Warming of 1.5°C (2018).
グテーレス, アントニオ(2020)　国連事務総長ビデオ・メッセージ「私たちは皆同じ仲間:人権と COVID19 の対応, そして復興」.
Human Rights Council Resolution, The human right to a clean, healthy and sustainable environment (2021)　A/HRC/RES/48/13.
UN General Assembly Resolution, The human right to a clean, healthy and sustainable environment (2022)　A/76/L.75.
【報道・NGO レポート】
HRN (2014)「バングラデシュ「ラナプラザ」後も続く低価格競争のなか, 縫製工場の搾取的労働が今も続いている」.

第 2 章

【文献】
Deva, Surya and David Bilchitz (eds.) (2013)　*Human Rights Obligations of Business: Beyond the Corporate Responsibility to Respect?,* Cambridge University Press.
吾郷眞一(2019)「ビジネスと人権——ソフトローの役割」『法律時報』91 巻 10 号.
菅原絵美(2022)「国連ビジネスと人権に関する指導原則の登場と展開」『法の支配』204 号.

東澤靖(2015)「ビジネスと人権――国連指導原則は何を目指しているのか。」『明治学院大学法科大学院ローレビュー』22号.
夫馬賢治(2020)『ESG思考――激変資本主義1990–2020, 経営者も投資家もここまで変わった』講談社.
横田洋三(2005)「「人権に関する多国籍企業および他の企業の責任に関する規範(案)」の紹介」『法律時報』77巻1号.
【国連・国際機関文書】
OECD(2011) OECD Guidelines for Multinational Enterprises, OECD Publishing.
Ruggie, John Gerard(2006) Interim report of the Special Representative of the Secretary-General on the issue of human rights and transnational corporations and other business enterprises, E/CN.4/2006/97.
Ruggie, John Gerard(2008) Protect, Respect and Remedy: a Framework for Business and Human Rights, A/HRC/8/5.
UN Global Compact, The Ten Principles of the UN Global Compact.
UN Human Rights Council Resolution17/4(2011) Working Group on Business and Human Rights.
UN Sub-Commission on the Promotion and Protection of Human Rights(2003) Draft Norms on the Responsibilities of Transnational Corporations and Other Business Enterprises with Regard to Human Rights, E/CN.4/Sub.2/2003/12/Rev.2.

第3章

【文献】
Bragato, Fernanda Frizzo, et al.(2021) "The Colonial Limits of Transnational Corporations' Accountability for Human Rights Violations," *Third World Approaches to International Law Review*, Vol. 2.
Bueno, Nicolas, et al.(2024) "The EU Directive on Corporate Sustainability Due Diligence(CSDDD): The Final Political Compromise," *Business and Human Rights Journal*, Vol. 9.
De Schutter, Olivier(2015) "Towards a New Treaty on Business and Human Rights," *Business and Human Rights Journal*, Vol. 1.
Krajewski, Markus, et al.(2021) "Mandatory Human Rights Due Diligence in Germany and Norway: Stepping, or Striding, in the Same Direction?," *Business and Human Rights Journal*, Vol. 6.
McCorquodale, Robert, et al.(2017) "Human Rights Due Diligence in Law and Practice: Good Practices and Challenges for Business Enterprises," *Business and Human Rights Journal*, Vol. 2.

Smit Lise, et al. (2020)　*Study on due diligence requirements through the supply chain: Final Report*, European Commission.
佐藤暁子(2022)「人権デューディリジェンスの欧州での展開――人権リスクに対する実効性ある取り組みへの模索」『法の支配』204号.
ブラッドフォード，アニュ(2022)『ブリュッセル効果　EUの覇権戦略――いかに世界を支配しているのか』庄司克宏監訳，白水社.
吉沼啓介(2024.3.12)「EU，強制労働製品のEU域内での流通と域外輸出を禁止する規則案で政治合意」JETROビジネス短信.
【国連・国際機関文書】
Committee on Economic, Social and Cultural Rights (2017)　General Comment No. 24, CESCR. E/C.12/GC/24.
Committee on Economic, Social and Cultural Rights (2020)　Concluding Observations on the Sixth Periodic Report of Norway, CESCR. E/C.12/NOR/CO/6.
Committee on Economic, Social and Cultural Rights (2021)　Concluding Observations on the Seventh Periodic Report of Finland, CESCR. E/C.12/FIN/CO/7.
Committee on the Elimination of Racial Discrimination (2020)　General Recommendation No. 38, CEDAW. CEDAW/C/GC/38.
Committee on the Rights of the Child (2013)　General Comment No. 16, CRC. CRC/C/GC/16.
Council of Europe (2024)　Framework Convention on Artificial Intelligence and Human Rights, Democracy, and the Rule of Law.
Human Rights Committee (2019)　General Comment No. 36, HR Committee, CCPR/C/GC/36.
Human Rights Council (2014)　Human rights and transnational corporations and other business enterprises, A/HRC/RES/26/22.
ILO (2023)　The Rana Plaza disaster ten years on: What has changed?
Open-ended intergovernmental working group on transnational corporations and other business enterprises with respect to human rights (2023)　Updated draft legally binding instrument (clean version) to regulate, in international human rights law, the activities of transnational corporations and other business enterprises.
UN General Assembly Resolution (2024)　Seizing the opportunities of safe, secure and trustworthy artificial intelligence systems for sustainable development, A/78/L.49.
Working Group on Business and Human Rights (2018)　The report of the Working Group on the issue of human rights and transnational corporations and other business enterprises, A/73/163.

【EU 文書等外国法】
Directive 2014/95/EU of the European Parliament and of the Council of 22 October 2014 amending Directive 2013/34/EU as regards disclosure of non-financial and diversity information by certain large undertakings and groups (Text with EEA relevance).
Directive (EU) 2022/2464 of the European Parliament and of the Council of 14 December 2022 amending Regulation (EU) No 537/2014, Directive 2004/109/EC, Directive 2006/43/EC and Directive 2013/34/EU, as regards corporate sustainability reporting (Text with EEA relevance).
Directive (EU) 2024/1760 of the European Parliament and of the Council of 13 June 2024 on corporate sustainability due diligence and amending Directive (EU) 2019/1937 and Regulation (EU) 2023/2859 (Text with EEA relevance).
Regulation (EU) 2022/2065 of the European Parliament and of the Council of 19 October 2022 on a Single Market For Digital Services and amending Directive 2000/31/EC (Digital Services Act) (Text with EEA relevance).
Regulation (EU) 2024/1689 of the European Parliament and of the Council of 13 June 2024 laying down harmonised rules on artificial intelligence and amending Regulations (EC) No 300/2008, (EU) No 167/2013, (EU) No 168/2013, (EU) 2018/858, (EU) 2018/1139 and (EU) 2019/2144 and Directives 2014/90/EU, (EU) 2016/797 and (EU) 2020/1828 (Artificial Intelligence Act) (Text with EEA relevance).
The Tariff Act of 1930 (19 U.S.C. § 1307).
【その他】
Global Witness (2023)　Press release Almost 2,000 land and environmental defenders killed between 2012 and 2022 for protecting the planet.
Investor Alliance for Human Rights　https://investorsforhumanrights.org
Principles for Responsible Investment　https://www.unpri.org/
The Hague District Court (2020)　Milieudefensie et al. v. Royal Dutch Shell plc, C/09/571932 / HA ZA 19-379.
HRN (2018)「非財務情報(ESG)開示をめぐる国際的動向と提言」33-36 頁.
外務省(2015)「G7 エルマウ・サミット首脳宣言」(仮訳).

第 4 章

【文献】
内田聖子(2024)『デジタル・デモクラシー――ビッグ・テックを包囲するグローバル市民社会』地平社.
治部れんげ(2018)『炎上しない企業情報発信――ジェンダーはビジネスの新教養である』日本経済新聞出版社.

東海林智(2024) 『ルポ 低賃金』地平社.
ソルニット，レベッカ(2018) 『説教したがる男たち』ハーン小路恭子訳，左右社.
白河桃子(2019) 『ハラスメントの境界線――セクハラ・パワハラに戸惑う男たち』中公公論新社.
【国連・国際機関文書】
Grover, Anand (2013) Report of the Special Rapporteur on the right of everyone to the enjoyment of the highest attainable standard of physical and mental health, on his Mission to Japan (15–26 November 2012), A/HRC/23/41/Add.3.
Human Rights Council (2019) The economic interests of the Myanmar military, A/HRC/42/CRP.3.
International Court of Justice (2020) Application of the Convention on the Prevention and Punishment of the Crime of Genocide (The Gambia v. Myanmar), Provisional Measures, Order of 23 January 2020, I.C.J. Reports 2020, p. 3.
International Court of Justice (2024) Application of the Convention on the Prevention and Punishment of the Crime of Genocide in the Gaza Strip (South Africa v. Israel), Order (26 January 2024) / Order (24 May 2024).
OHCHR (2022) OHCHR Assessment of human rights concerns in the Xinjiang Uyghur Autonomous Region, People's Republic of China.
OHCHR (2023) OHCHR update of database of all business enterprises involved in the activities detailed in paragraph 96 of the report of the independent international fact-finding mission to investigate the implications of the Israeli settlements on the civil, political, economic, social and cultural rights of the Palestinian people throughout the Occupied Palestinian Territory, including East Jerusalem.
The World Economic Forum (2023) Global Gender Gap Report 2023.
The World Economic Forum (2024) Global Gender Gap Report 2024.
【NGO レポート等】
Australian Strategic Policy Institute (ASPI) (2020) "Uyghurs for sale."
Business and Human Rights Resource Centre https://www.business-humanrights.org/en/
Corporate Human Rights Benchmark https://www.worldbenchmarkingalliance.org/corporate-human-rights-benchmark/
Global Witness (2015) "Japan's links to rainforest destruction in Malaysia."
Walk Free (2023) The Global Slavery Index 2023.
Who Profits Research Center https://www.whoprofits.org/
HRN (2016)「マレーシア・サラワク州 今なお続く違法伐採による先住民

族の権利侵害　報告書」.
HRN(2018) 「ファッション・スポーツウェア企業62社の人権対応に関するアンケート調査結果公表」.
HRN・日本ウイグル協会(2021) 「ウイグル自治区における強制労働と日系企業の関係性及びその責任」.
HRN(2021) 「報告書　ミャンマーの人権侵害と日本企業の関与と責任——ビジネスと人権に関する指導原則の観点から」.
HRN・日本ウイグル協会(2023) 「ウイグル人らに対する大規模監視および深刻な人権侵害を助長する日系企業の技術と責任」.
KnowTheChain(2020)「日本の食品・飲料企業のサプライチェーンにおける強制労働——リスク，優良事例，報告のギャップを理解する」.
NAFCA(2024) 【HRN緊急記者会見】第一部「国連ビジネスと人権作業部会による訪日調査最終報告書の発表を受けて」 https://www.youtube.com/watch?v=XkF0m_5iwwg
SACOM(2015)「中国国内ユニクロ下請け工場における労働環境調査報告書」.
チキラボ(2024)「テレビ芸能業界における圧力ハラスメントの実態調査報告書」.
トゥガン，マトゥ(Tugang Muta)(2017)　安倍晋三首相宛て書簡.
メコン・ウォッチ 「ヤンゴン市内都市開発(通称Y Complex事業)」 http://www.mekongwatch.org/report/burma/ycomplex.html
【政府統計】
厚生労働省 「令和4年賃金構造基本統計調査の概況」.
厚生労働省 「令和4年度我が国における過労死等の概要及び政府が過労死等の防止のために講じた施策の状況」.
厚生労働省 「令和4年度都道府県・市区町村における障害者虐待事例への対応状況等(調査結果)」.
厚生労働省 「令和5年度職場のハラスメントに関する実態調査報告書」.
厚生労働省 「令和5年版過労死等防止対策白書」.
総務省統計局 「令和4年就業構造基本調査　結果の概要」.
男女共同参画会議・女性に対する暴力に関する専門調査会(2019) 「セクシュアル・ハラスメント対策の現状と課題」.
法務省(2022) 「技能実習制度に対する国際的な指摘について 外務省資料」.
【報道等】
U.S. Department of State(2022)　Trafficking in Persons.
U.S. Department of State(2024)　2024 Trafficking in Persons Report: Japan.
Bloomberg News(2021.7.15) 「米上院，ウイグル強制労働防止法案を可決——新疆から輸入原則禁止」.
Business Insider(竹下郁子)(2022.7.5) 「吉野家「生娘をシャブ漬け戦略」抗議した受講生が詳細語る.「教室で笑い起きた」」.

NHK(2024.8.28)「“女性起業家の半数がセクハラ被害” スタートアップ業界で何が」.
朝日新聞デジタル(2024.7.2)「今治タオル製造の元技能実習生,「無断で在留資格変えられた」と訴え」.
ダイヤモンド・オンライン(2022.2.22)「キリンのミャンマー撤退,黙殺されたメインバンク三菱 UFJ 銀行の「警鐘」」.
日経ビジネス(小原擁・飯山辰之介)(2024.4.23)「ヤマト・アマゾン・パタゴニア…非正規や個人労組の闘い」.
日本経済新聞(2021.5.19)「米税関,ユニクロシャツの輸入差し止め ウイグル問題で」.
日本経済新聞(2022.12.6)「ワコール,賃金未払い巡り実習生側に 500 万円寄付」.
日本経済新聞(2024.6.6)「米国,PFAS 汚染に浄化責任 識者「日本企業に影響も」」.
ニューズウィーク日本版(2021.7.2)「フランス検察,ユニクロなど 4 社をウイグル人権問題めぐり捜査開始」.
ハフポスト(生田綾)(2021.8.24)「ムーミン,DHC とのコラボ中止へ 本国の著作権管理会社がコメント「いかなる差別も容認しません」」.
弁護士ドットコムニュース(2019.7.9)「セシルマクビーの実習生問題で報告書「アパレル業界全体で再発防止に取り組むべき」」.
弁護士 JP ニュース(2024.7.30)「カンボジアの縫製工場で起こった“労働者への弾圧” 国際人権団体が「株式会社アシックス」に対応を要請」.
毎日新聞(2020.7.10)「木村花さん急死「テラスハウス」 フジ誓約書,出演者束縛 「全て従う」「無条件賠償」」.
ヤフーニュース(伊藤和子)(2016.1.26)「「恋愛は幸福追求権」アイドル交際禁止違反で賠償請求棄却した東京地裁判決を受け,ブラックな業態は改革を」.
ロイター(2023.3.24)「ノルウェー政府基金,キリンの監視対象解除 ミャンマー事業撤退で」.
【その他】
日本経済団体連合会(2024.2.1)「持続可能な社会の実現に向けた企業の取り組み状況」.
放送倫理・番組向上機構(BPO)放送人権委員会(2018.3.8) 放送人権委員会決定 第 67 号「沖縄の基地反対運動特集に対する申立て」.

第 5 章

【文献】
大村恵実・佐藤暁子・高橋大祐(2023)「人権デュー・ディリジェンスの実

務」金融財政事情研究会.
福原あゆみ(2023)『基礎からわかる「ビジネスと人権」の法務』中央経済社.
水口剛(2013)『責任ある投資――資金の流れで未来を変える』岩波書店.

【国連・国際機関文書】

Committee on the Elimination of Racial Discrimination (2024)　General Recommendation No. 40 on the equal and inclusive representation of women in decision-making systems, CEDAW, U.N. Doc.CEDAW/C/GC/40.
ILO (2012)　ILO indicators of Forced Labour.
UN General Assembly Resolution (2024)　Global Digital Compact, A/79/L.2.
UN Global Compact, UN Women (2010)　Women's Empowerment Principles (WEPs).
UN Global Compact, UNICEF and Save the Children (2012)　Children's rights and business principles.
UN Global Compact (2013)　The Business Reference Guide to the UN Declaration on the Rights of Indigenous Peoples.
OECD (2018)「責任ある企業行動のための OECD デュー・ディリジェンス・ガイダンス」(OECD Due Diligence Guidance for Responsible Business Conduct).
OECD セクター別デュー・ディリジェンス・ガイダンス　https://mneguidelines.oecd.org/sectors/
OHCHR (2024)「包括的反差別法制定のための実践ガイド」(反差別国際運動訳).

【政府関係資料】

環境省(2020)「バリューチェーンにおける環境デュー・ディリジェンス入門――OECD ガイダンスを参考に」.
経済産業省(2022)「責任あるサプライチェーン等における人権尊重のためのガイドライン」.
経済産業省(2023)「責任あるサプライチェーン等における人権尊重のための実務参照資料」.
公正取引委員会(2022)「独占禁止法上の「優越的地位の濫用」に関する緊急調査の結果について」.
公正取引委員会(2024)「日産自動車株式会社に対する勧告について」.
消費者庁(2024)「内部通報制度に関する就労者 1 万人アンケート調査の結果について」.
農林水産省(2023)「食品企業向け人権尊重の取組のための手引き」.
ビジネスと人権に関する行動計画の実施に係る関係府省庁施策推進・連絡会議(2023)「公共調達における人権配慮について」.
法務省(2020)「「ビジネスと人権」に関する行動計画(2020–2025)」.

【報道・NGO 資料等】
Ethical Trading Initiative　ETI Base Code.
HRN(2024.12.20)「株式会社ハニーズ HD のミャンマー子会社による人権侵害について」.
NHK(2023.12.4)「日本に「化石賞」“気候変動対策に消極的” 国際 NGO が発表」.
NHK(2024.3.28)「宝塚歌劇団 25 歳劇団員死亡　パワハラ認め謝罪」.
NHK(2024.6.21)「“日本人ではないから…” 国籍だけで入居不可に!? その実態は」.
WWF ジャパン(2020.4.14)「RSPO(持続可能なパーム油のための円卓会議)認証について」.
朝日新聞(2024.10.2)「ペット不可と同列に「LGBT 不可」 賃貸物件の表記に当事者は絶句」.
共同通信(2024.9.30)「競輪選手性被害「声に耳傾けて」 女性がハラスメント根絶訴え」.
国際環境 NGO FoE Japan(2022.9.21)「共同声明　日本政府の GX 戦略は化石燃料まみれ　水素・アンモニア混焼および LNG のような「誤った対策」ではなく真の脱炭素支援を」.
日本経済新聞(2024.6.19)「ベトナム技能実習生の来日費，採用企業 5 割超負担へ指針」.
【企業関連情報等】
ANA(2023)「人権報告書 2023」.
花王(2024)「花王サステナビリティレポート 2024」.
帝人グループ(2021)「2021 年度奴隷労働と人身取引に関するステートメント」.
日本映画制作適正化機構　https://eiteki.org
日本取引所グループ「コーポレートガバナンス・コード――会社の持続的な成長と中長期的な企業価値の向上のために」.
放送倫理・番組向上機構(BPO)放送人権委員会(2023.7.18)　放送人権委員会決定 2023 年度第 79 号.
三井物産(2022)「持続可能なサプライチェーンマネジメントハンドブック――世界中の未来を共につくるために」.
みずほファイナンシャルグループ(2024)「人権レポート 2024」.
りそなホールディングス(2020)「融資業務における基本的な取組姿勢」.

終章

【文献】
明日香壽川(2021)『グリーン・ニューディール――世界を動かすガバニン

グ・アジェンダ』岩波書店.
石川優実(2019)　『#KuToo(クートゥー)——靴から考える本気のフェミニズム』現代書館.
斎藤幸平(2020)　『人新世の「資本論」』集英社.
末吉里花(2016)　『はじめてのエシカル——人，自然，未来にやさしい暮らしかた』山川出版社.
ラトゥーシュ，セルジュ(2020)　『脱成長』中野佳裕訳，白水社.
【報道】
CBS News(2021.9.14)　Garment workers in Los Angeles describe the "Modern-Day Slavery" of Sweatshops.
Business Insider(竹下郁子)(2019.1.7)　「SPA!「ヤレる」女子大生企画で謝罪．大学と署名女子大生の怒りの声」.
Change.org Japan(2020.4.27)　「なぜ無罪？法律×ロビイング×若者の声で性犯罪を裁かない刑法を変える」.
Change.org Japan(2024)　「2023 活動報告書」.
時事通信(2024.1.15)　「「最も裕福な 5 人」の資産倍増　国際 NGO，貧困層との格差是正訴え」.
東京新聞(2024.3.22)　「国連に何度促されても人権機関をつくらない日本　先を行く韓国の状況を「差別撤廃デー」に聞いた」.
日本経済新聞(2017.1.16)　「世界の富裕層上位 8 人の資産，下位 50% と同額　NGO 報告書」.
【NGO レポート・見解等】
Oxfam(2017)　An Economy for the 99%.
Oxfam(2024)　Inequality Inc. How corporate power divides our world and the need for a new era of public action.
日本ペンクラブ(2024.9.8)　ステートメント「性加害のない世界を目指して」.
日本弁護士連合会(2018)　「政府から独立した国内人権機関設立のために」.
日本弁護士連合会(2022)　「技能実習制度の廃止と特定技能制度の改革に関する意見書」.
花沢菊香(2022)　Human Rights Now: Innovative Transformation of Global Supply Chain for Women and All": NGO CSW 66 Parallel Event.
山内マリコ・柚木麻子(2022)　「映画産業の性暴力・性加害の撲滅を求めるステートメント」.
【その他】
State of California, Department of Industrial Relations, Garment Worker Protection Act Frequently Asked Questions　https://www.dir.ca.gov/dlse/GarmentFAQs/